ANNE FRANK IN THE WORLD

ANNE FRANK NEL MONDO

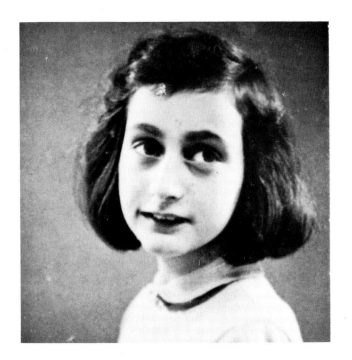

ANNE FRANK STICHTING

ANNE FRANK IN THE WORLD

1929

1945

ANNE FRANK NEL MONDO

4

© text: Anne Frank Stichting, Amsterdam 1985
© English edition: Uitgeverij Bert Bakker, Amsterdam 1985
© illustrations: see list of illustrations
ISBN 90-72972-015

first edition June 1985
second edition December 1985
third, revised edition December 1989
fourth, revised edition January 1992

testo: Fondazione Anne Frank, Amsterdam, 1989/1992

illustrazioni: vedi 'Lista delle illustrazioni'

prima edizione marzo 1989

PREFACE

INTRODUZIONE

Had Anne Frank – an ordinary young Jewish girl – lived next door, could she have counted on us for help during the Nazi occupation? This is the question this exhibit forces us to ask, again and again.

Before the Nazis came to power Germany was afflicted by rampant poverty and unemployment. Hitler, exploiting widespread anti-Semitic prejudice, blamed 'the Jews', making them into the scapegoats for the country's problems.

Hitler announced openly and quite frankly that he intended to abolish democracy and to deprive 'non-Aryans', like the Jews, of their civil rights. In spite of this, one-third of the German population voted for Hitler's Nazi party, the NSDAP. As a result of these elections, the Nazi party, as the largest single party, was entitled to form the government.

In this way millions of ordinary citizens brought Hitler to power. When subsequently, as Hitler had announced, democracy was indeed abolished and the persecution of political opponents and Jews commenced, resistance immediately became difficult.

Few people became active in the resistance. The majority remained indifferent. In the countries occupied by the Nazis, including the Netherlands, the situation was much the same.

The ideas of National Socialism, carried out to the extremes, caused the death of millions of people. Nevertheless, these cruel ideas still exist throughout the world.

Even today, people still look for a scapegoat to blame for their troubles. Anti-Semitic and other racist prejudice lives on, building barriers between people and creating discrimination.

The Anne Frank Center hopes to convince visitors that resistance against discrimination is necessary from the start. Had this conviction shaped the consciousness of the voters in 1932, then the name Adolf Hitler would be totally insignificant to us today.

Se Anne Frank, finchè ancora in vita una normale, poco appariscente ragazzina ebrea, fosse stata la nostra vicina di casa, avrebbe potuto contare sul nostro aiuto?
Vogliamo mettere i visitatori della nostra mostra davanti a questo interrogativo. Prima che Hitler giungesse al potere, la povertà e la disoccupazione regnavano in Germania. Egli, sfruttando i pregiudizi antisemiti largamente diffusi, addossó la colpa di tutto agli 'ebrei', che divennero capri espiatori. Sebbene Hitler avesse esplicitamente dichiarato la sua intenzione di abolire la democrazia e privare gli ebrei e le altre minoranze dei diritti civili, un terzo della popolazione tedesca diede il suo voto al partito politico di Hitler, l'NSDAP, che divenne il partito politico di maggioranza e formó il governo. In questo modo milioni di cittadini portarono Hitler al potere. Nella speranza di risolvere i propri problemi, abbandonarono i loro concittadini ebrei. Quando piú tardi, come era stato annunciato, la democrazia fu davvero abolita e la persecuzione degli oppositori politici e degli ebrei inizió veramente, resistere divenne molto difficile.

Soltanto pochi mostrarono solidarietá verso coloro che erano stati perseguitati e divennero attivi nella resistenza. La maggioranza rimase indifferente. Questa situazione non differiva di molto nei paesi occupati dai nazisti, tra questi vi era anche l'Olanda.

Le idee del Nazionalsocialismo, portate avanti all'estremo, costarono la vita a milioni di persone. Nonostante ció, parecchie di queste idee crudeli sono ancora vive. Ancor oggi, molta gente cerca un capro espiatorio, un gruppo che possa essere biasimato per tutto ció che non funziona. Anche oggi i pregiudizi antisemiti e razziali sopravvivono e costruiscono barriere tra la gente e rendono possibile la discriminazione.

La Fondazione Anne Frank spera di rendere chiaro ai visitatori di questa mostra che é necessario combattere la discriminazione da subito. Se questa convinzione avesse formato la consapevolezza dei votanti nel 1932, oggi il nome di Adolf Hitler sarebbe completamente insignificante per noi.

TABLE OF CONTENTS

1-5 *The Frank family – Frankfurt* 10

6 *Frankfurt am Main in the 1920s – portrait of a city* 16

7 *Frankfurt, 1929 – political and economic crisis* 18

8 *The Jewish community of Frankfurt* 20

9-12 *National Socialists on their way to power* 22

13 *1933: Hitler appointed Reich Chancellor* 26

14, 15 *Democracy abolished* 28

16 *Labor movement* 30

17 *The labor service* 32

18, 19 *The anti-Jewish boycott and popular anti-Semitism* 34

20 *The National Socialist 'welfare state'* 38

21 *The killing of the handicapped* 40

22 *Population and racial policy* 42

23 *Church and religion* 44

24, 25 *Youth movement* 46

26 *Education* 48

27 *Propaganda* 50

28 *Art and culture* 52

29 *Army and rearmament* 54

30 *Law and justice* 56

31 *Jewish life in Germany, 1933-1940* 58

32 *'Kristallnacht'* 60

33 *The Jewish refugees* 62

34 *International reactions* 64

35 *Jewish life in Holland before 1940* 66

36-43 *The Frank family – Holland, 1933-1940* 68

44	Dutch National Socialists	76
45	May 1940: occupation of Holland	78
46	The first measures	80
47	The first razzia (roundup)	82
48	The February strike	84
49	Collaboration	86
50	Collaboration: SS volunteers	88
51, 52	Anti-Jewish measures	90
53	Resistance	94
54, 55	The beginning of the deportations: hiding, betrayal and resistance	96
56-59	The Frank family – in hiding	100
60	Tightening of repression and resistance	106
61	Deportation of the Dutch Jews	110
62, 63	Endlösung ('The Final Solution')	112
64	The Frank family – The end	116
65	D-Day and the liberation of southern Holland	118
66	Winter of hunger	120
67	The starving ends as Holland is liberated	122
68	The end of the war in Germany	124
69	Liberation of the concentration camps	126
70	The first years after the war	128
71	The publication of Anne Frank's diary	130
72	Coming to terms with a difficult past	132
73	Neo-Nazi's and the denial of the Holocaust	134
74	Anti-Semitism and anti-Zionism	136
75-79	Prejudice and racism	138
	List of illustrations	143
	Colofon	144

INDICE

1-5 La famiglia Frank – Francoforte

6 Francoforte sul Meno negli anni venti – ritratto di una cittá

7 Francoforte, 1929 – la crisi politica ed economica

8 La comunitá ebrea di Francoforte

9-12 I Nazionalsocialisti e la scalata al potere

13 1933: Hitler é nominato Cancelliere del Reich

14, 15 L'abolizione della democrazia

16 Il Movimento dei lavoratori

17 Servizio del lavoro obbligatorio

18, 19 Il boicottaggio contro gli ebrei e l'antisemitismo spontaneo

20 Lo 'stato assistenziale' nazionalsocialista

21 L'assassinio degli handicappati

22 La popolazione e la politica razziale

23 La chiesa e la religione

24, 25 Il movimento giovanile

26 L'educazione

27 La propaganda

28 Arte e cultura

29 L'esercito ed il riarmamento

30 Legge e giustizia

31 Vita quotidiana della comunitá ebrea in Germania, 1933-1940

32 'La Notte dei Cristalli'

33 I rifugiati ebrei

34 Reazioni internazionali

35 La vita degli ebrei in Olanda prima del 1940

36, 43 La famiglia Frank -Olanda, 1933-1940

44 I Nazionalsocialisti olandesi

45 Maggio 1940: l'occupazione dell'Olanda

46 I primi provvedimenti

47 La prima retata

48	Lo sciopero di febbraio	84
49	Collaborazionismo	86
50	Collaborazionismo: i volontari SS	88
51, 52	Provvedimenti contro gli ebrei	90
53	La resistenza	94
54, 55	L'inizio delle deportazioni: clandestinitá, tradimento e resistenza	96
56-59	La famiglia Frank – La clandestinitá	100
60	L'irrigidimento della repressione e la resistenza	106
61	La deportazione degli ebrei olandesi	110
62, 63	Endlösung ('la soluzione finale')	112
64	La famiglia Frank – La fine	116
65	D-Day, 'il Martedí folle' e la liberazione del Sud dei Paesi Bassi	118
66	Inverno di fame	120
67	La fame finisce quando l'Olanda è liberata	122
68	La fine della guerra in Germania	124
69	La liberazione dei campi di concentramento	126
70	I primi anni del dopoguerra	128
71	La pubblicazione del diario di Anne Frank	130
72	Scendendo a patti con un passato difficile	132
73	I neonazisti ed il diniego dell'Olocausto	134
74	Antisemitismo ed antisionismo	136
75-79	Pregiudizi e razzismo	138
	Lista delle illustrazioni	143
	Colophon	144

10

Ancestors of Anne Frank have lived in Frankfurt since the 17th century. Otto Frank, Anne's father, is born on May 12, 1889, on Frankfurt's Westend (West side), a well-to-do neighborhood. His father is a banker. Otto Frank attends high school and briefly studies art at the University of Heidelberg. Via a friend he is offered and accepts a job from 1908 until 1909 at Macy's Department Store in New York. When his father dies, Otto Frank returns to Germany and works for a metal engineering company in Düsseldorf until 1914. During World War I he and his two brothers serve in the German Army, where Otto attains the rank of lieutenant. After the war he works in his father's bank, but banks are not faring well at that time. While at the bank he becomes acquainted with Edith Holländer, the daughter of a manufacturer. Born in 1900, she grows up in Aachen. Otto and Edith marry in 1925 and settle in Frankfurt. They have two daughters, Margot, born in 1926, and Anne, whose full name is Annelies Marie, born on June 12, 1929.

Gli antenati di Anne Frank hanno vissuto a Francoforte sin dal XVII secolo. Otto Frank, il padre di Anne, nasce il 12 maggio 1889 in una zona residenziale di Francoforte, il Westend. Il padre di Otto é banchiere. Otto frequenta la scuola superiore. Per un breve periodo studia arte presso l'Universitá di Heidelberg. Un amico gli offre un impiego che egli accetta; dal 1908 al 1909 lavorerá presso i grandi magazzini Macy a New York. Alla morte del padre, Otto ritorna in Germania e trova lavoro presso un'industria di ingegneria metallurgica di Dusseldorf dove rimarrá fino al 1914. Durante la Prima Guerra Mondiale presta servizio, assieme ai suoi due fratelli, nell'Esercito tedesco con il grado di tenente. Dopo la guerra lavora nella banca del padre, ma le banche attraversano un momento difficile. Proprio in quel periodo fa la conoscenza di Edith Hollander, la figlia di un industriale. Nata nel 1900, Edith é cresciuta ad Aachen. Otto ed Edith si sposano nel 1925 e si stabiliscono a Francoforte. Hanno due figlie, Margot nata nel 1926, ed Anne, il cui nome per intero é Annelies Marie, nata il 12 giugno 1929.

1

1 *Family portrait, circa 1900. Front row, Otto Frank in navy suit.*
2 *Brothers Herbert, left, and Otto Frank in the German army, 1916.*
3 *Edith Holländer.*
4 *Edith Holländer and Otto Frank during their honeymoon in San Remo, 1925.*

1 *Ritratto di famiglia. Circa il 1900. In prima fila, Otto Frank con l'uniforme della marina.*
2 *I fratelli Herbert (a sinistra) ed Otto Frank in uniforme, 1916.*
3 *Edith Holländer.*
4 *Edith Holländer ed Otto Frank durante la loro luna di miele a San Remo, 1925.*

Otto Frank is an enthusiastic amateur photographer. He takes dozens of photographs of Anne and Margot at home and outside the house.

Otto Frank é un fotografo dilettante entusiasta. Fa decine di fotografie di Anne e Margot mentre giocano a casa o per strada.

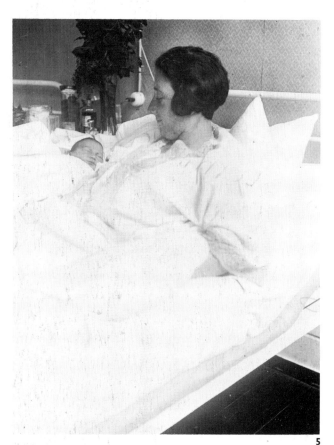

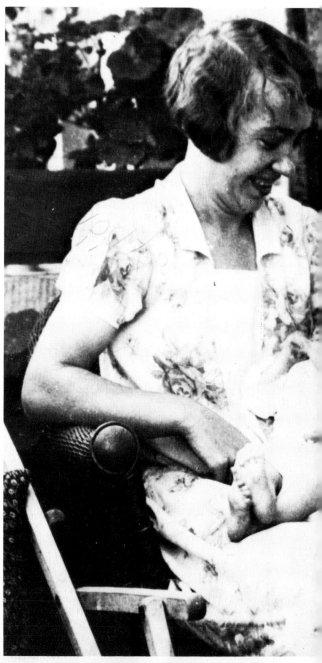

5

5 *Anne Frank, one day old, with her mother. June 13, 1929.*
6 *Margot with her new sister, July, 1929.*
7 *Margot and Anne.*
8 *Anne with her mother in Ganghoferstrasse, 1931.*

5 *Anne Frank con la madre il giorno dopo la sua nascita. 13 giugno 1929.*
6 *Margot con la sorella appena nata, luglio 1929.*
7 *Margot ed Anne.*
8 *Anne e sua madre in Ganghoferstrasse, 1931.*

7

8

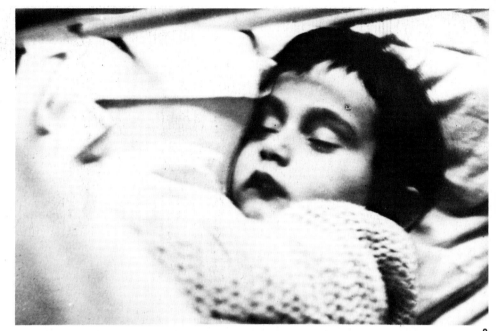

9 Anne.
10 Otto, Anne and Margot Frank,
1931.
11 Anne and Margot.
12 Edith Frank with her two
daughters near the Hauptwache in
Frankfurt's city center, 1933.
13 Anne, 1932.

9 Anne.
10 Otto Frank e le sue due figlie,
1931.
11 Anne e Margot.
12 Edith Frank con le sue due figlie
vicino alla Hauptwache nel centro di
Francoforte. 1933.
13 Anne, 1932.

9

10

15

11

12

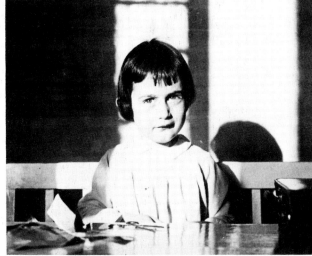

13

6 FRANKFURT AM MAIN IN THE 1920S – PORTRAIT OF A CITY

6 FRANCOFORTE SUL MENO NEGLI ANNI VENTI – RITRATTO DI UNA CITTÁ

Since the Middle Ages Frankfurt has been an important center of trade and finance. At the end of the 19th century new industrial areas spring up on the east and west side of the city. After annexing surrounding villages, Frankfurt has the largest land area of all German cities at the end of World War I. In 1929 the city has a population of 540,000. Tradition and modernization go hand in hand, and as a result, Frankfurt is an attractive, modern city economically, socially and culturally. The intellectual and political climate is democratic and liberal. The city is governed by a coalition of the social democratic, liberal and christian parties.

Sin dal Medioevo Francoforte é stato un importante centro commerciale e finanziario. Alla fine del XIX secolo nuove zone industriali crescono all'est e all'ouest della città. Con l'annessione dei villaggi circostanti, alla fine della Prima Guerra Mondiale Francoforte copre il piú vasto territorio urbano tra tutte le città tedesche. Nel 1929 la sua popolazione é di 540.000 abitanti. Tradizione e modernizzazione procedono di pari passo e rendono la città attraente e dinamica sia dal punto di vista economico e sociale che da quello culturale. Il clima politico ed intellettuale é democratico e progressista. La città é amministrata da una coalizione di socialdemocratici, liberali e cristiani.

14 Panoramic view of Frankfurt am
Main. At left, the Dome, where the
German kings and emperors were
crowned until 1806. Photo circa 1932.
15 Parts of the inner city in decay,
1924.
16 The new living quarters offer
modern schools, playgrounds and
various facilities. Circa 1930.

14 *Veduta panoramica di Francoforte
sul Meno. Sulla sinistra il Duomo in
cui i re e gli imperatori tedeschi
furono incoronati fino al 1806. La foto
é del 1932 circa.*
15 *Parti del centro storico della cittá
in rovina, 1924.*
16 *I nuovi quartieri offrono scuole
moderne, campi da gioco ed altri
servizi. Circa il 1930.*

15

16

7 FRANKFURT, 1929 – POLITICAL AND ECONOMIC CRISIS

The Great Depression of 1929 causes social and political tension in Frankfurt. Between 1929 and 1932 industrial activity decreases 65%. By the end of 1932, more than 70,000 people are unemployed in Frankfurt. One-fourth of the population – workers and civil servants, in particular – no longer has a steady income. Furthermore, the National Socialists profit from the inability of the democratic system to solve the crisis. The labor movement carries the weight in the political struggle against the threat from the extreme right.

7 FRANCOFORTE, 1929: LA CRISI POLITICA E SOCIALE

La grande crisi del 1929 provoca anche a Francoforte tensioni sociali e politiche. Tra il 1929 ed il 1932 l'attività industriale diminuisce del 65%. Entro la fine del 1932, i disoccupati sono più di 70.000 a Francoforte. Un quarto della popolazione – soprattutto lavoratori e funzionari pubblici – non ha più un reddito sicuro. Il partito Nazionalsocialista approfitta dell'incapacità del sistema democratico di risolvere questa crisi. Il movimento dei lavoratori sostiene il peso maggiore nella lotta politica contro la minaccia proveniente dall'estrema destra.

17

17 In Frankfurt the National Socialists started their organization in the 1920s. The Stahlhelm Day of 1925 is organized by an anti-democratic union comprised of former soldiers who fought in World War I.
18 Around 1930 many inhabitants of Frankfurt suffer from poverty. A soup kitchen for the unemployed in the Friedrich Ebert quarter, 1932.
19 Anti-Nazi demonstration in Frankfurt organized by the Eiserne Front, an association of several left-wing organizations.

17 A Francoforte i nazionalsocialisti iniziarono ad organizzarsi negli anni venti. Il giorno dello Stahlhelm del 1925 é organizzato da una federazione antidemocratica di cui fanno parte ex-soldati della Prima Guerra Mondiale.
18 Verso il 1930 molti abitanti di Francoforte soffrono la povertá. Una cucina per la distribuzione della minestra ai disoccupati nel quartiere Friedrich Ebert. (1932).
19 Dimostrazione antinazista nel 1932 in piazza Opernplatz a Francoforte organizzata dal Eiserne Front, una federazione di parecchi gruppi di sinistra.

18

20

In 1929 the number of Jews living in Frankfurt is about 30,000, or roughly 5.5% of the population. It is the second largest Jewish community in Germany (Berlin is first) and dates back to the Middle Ages. At the beginning of the 19th century Jews are no longer required to live in the ghetto, and the law declares them equal. Their new legal status marks the beginning of a process of social and cultural assimilation. Jewish philanthropic organizations play an important role in the development of the city. Although anti-Semitism never fully disappears, Frankfurt is – for the most part – a tolerant city. Jewish citizens are able to maintain their traditional way of life or assimilate into society at large.

Nel 1929 vivono a Francoforte circa 30.000 ebrei, vale a dire il 5,5% della popolazione. 'E la seconda comunitá ebrea in Germania in ordine di grandezza (la prima é a Berlino) e risale al Medioevo. Dall'inizio del XIX secolo gli ebrei non sono piú costretti a vivere nel ghetto ed ottengono uno stato giuridico paritario a quello degli altri cittadini. Questo nuovo stato giuridico segna l'inizio di un processo di integrazione sociale e culturale. Le organizzazioni filantropiche ebree giocano un ruolo importante nello sviluppo della cittá. Sebbene l'antisemitismo non scompaia mai totalmente, si puó considerare Francoforte una cittá tollerante, almeno in linea di massima, dove i cittadini ebrei possono mantenersi fedeli al loro tradizionale modo di vita o integrarsi.

20 In 1882 a synagogue was built on Börneplatz (Börne Square) next to a huge open-air market. Photo, 1927.
21 The Judengasse (Jews Street) in Frankfurt. When the Jews lived in the ghetto the street was closed every evening and gentiles were not allowed to enter. Circa 1872.
22 The Kölnerhof Hotel near the Frankfurt Railway Station makes it clear that Jews are unwanted guests. 1905.

20 Nel 1882 sulla Börneplatz (piazza Börne), a fianco di un grande mercato all'aperto, fu costruita una sinagoga. 1927.
21 La Judengasse (la strada degli Ebrei) a Francoforte. Quando gli ebrei vivevano nel ghetto questa strada veniva chiusa ogni sera ed ai non ebrei non era permesso entrare. La foto risale al 1872 circa.
22 All'hotel Kölnerhof alla stazione ferroviaria è specificato con chiarezza che gli ebrei non sono graditi, 1905.

21

9-12 NATIONAL SOCIALISTS ON THEIR WAY TO POWER

9-12 I NAZIONALSOCIALISTI E LA SCALATA AL POTERE

The 1920s and early '30s in Germany are characterized by economic crisis, inflation and hurt pride about the country's defeat in World War I and the subsequent Treaty of Versailles. Workers lose their jobs; farmers, their land; civilians, their savings.

The National Socialist German Workers Party (NSDAP), founded in 1919, recruits more and more followers. Hitler blames not only what he calls the weak government for all problems in Germany but also the Jews.

Fascist movements want absolute power, if at all possible through 'democratic' means: in other words, as many votes as possible from the followers. The Nazis shrewdly use the apparent human need for a scapegoat. Just as some political organizations today blame specific groups for all that is wrong, Hitler blames the Jews.

Gli anni venti e l'inizio degli anni trenta in Germania sono caratterizzati dalla crisi economica, dall'inflazione e dal sentimento di orgoglio ferito provocato dalla sconfitta subita dal paese nella Prima Guerra Mondiale e dal Trattato di Versailles. Gli operai perdono il lavoro, i contadini la terra ed i borghesi i loro risparmi. Il partito Nazionalsocialista tedesco dei lavoratori (NSDAP), fondato nel 1919, trova sempre nuovi seguaci.

Hitler accusa il governo debole, come egli lo definiva, di tutti i problemi della Germania e con esso accusa gli ebrei. I movimenti fascisti vogliono il potere assoluto e, se possibile, vogliono ottenerlo con mezzi democratici: in altre parole, con quanti più voti possibili dai loro seguaci. Con astuzia i nazisti sfruttano il bisogno evidente, ed umano, di un capro espiatorio. Hitler accusa gli ebrei, proprio come oggi alcune organizzazioni politiche incolpano particolari gruppi di tutto ció che non funziona.

23 Unemployed Germans. Berlin, 1932.
24 Adolf Hitler (right) as a soldier at the battle front during World War I.
25 Nazi election campaign propaganda.

23 *Tedeschi disoccupati. Berlino 1932.*
24 *Adolf Hitler (a destra) mentre presta servizio come soldato nella Prima Guerra Mondiale.*
25 *Propaganda nazista per la campagna elettorale.*

24

26 *NSBO, the Nazi trade union, joins in the strikes to gain support.*
27 *The SA is an attractive alternative for many who are unemployed.*
28, 29 *The right-wing political parties close ranks and become known as the Harzburger Front. Bad Harzburg, October 1931.*

26 *L'NSBO, il sindacato nazista, si unisce allo sciopero per conquistare maggior appoggio.*
27 *Le SA rappresentano per molti un'alternativa attraente alla disoccupazione.*
28, 29 *I partiti di destra si uniscono per formare il Fronte Harzburger. Bad Harzburg, ottobre 1931.*

27

28

29

13 *1933: HITLER APPOINTED REICH CHANCELLOR*

13 *HITLER É NOMINATO CANCELLIERE DEL REICH*

In 1932 Hitler wins the elections. He gets 37 % of the vote (13.7 million votes), and becomes the leader of a coalition government partially because the opposition is divided. On March 23, 1933, he seizes absolute power. It is essential that Hitler begins with large popular support. He is able to channel the feelings of uncertainty and discontentment into a mass political movement.
Elsewhere in Europe fascist and National Socialist movements are developing as well.

Nel 1932 Hitler vince le elezioni con il 37% dei voti (13.7 milioni di voti) e diventa capo della coalizione di governo, anche perché l'opposizione é divisa. Il 23 marzo 1933 Hitler si impadronisce del potere assoluto. 'E essenziale per lui iniziare con un grande appoggio popolare; é infatti in grado di incanalare il senso d'incertezza ed il malcontento in un movimento politico di massa. Nello stesso periodo anche in altri paesi europei i partiti fascisti e nazisti si stanno sviluppando.

30, 31 *Nazi posters.*
32 *The Jewish mayor of Frankfurt, Landmann, is replaced by a Nazi, Krebs.*
33 *As of January 30, 1933, Hitler is in power. The Nazis celebrate.*
34 *The swastika flag at the town hall. Frankfurt, March 1933.*

30, 31 *Manifesti nazisti.*
32 *Il sindaco ebreo di Francoforte, Landmann, é rimpiazzato da un nazista, Krebs.*
33 *Dal 30 gennaio 1933 Hitler é al potere. I nazisti festeggiano.*
34 *La bandiera con la svastica sventola dal Municipio di Francoforte, marzo 1933.*

32

33

34

A doctrine of National Socialism is the 'leader principle', the open rejection of parliamentary democracy. All other political parties are forbidden, and all other political opponents are eliminated. In 1933 about 150,000 political opponents are sent to concentration camps for 're-education'. In the early years of the Hitler regime elections are organized for the sake of appearance only.

Una delle caratteristiche del Nazionalsocialismo é il principio della leadership, il palese rifiuto della democrazia parlamentare. Ogni altro partito é fuori legge e tutti gli altri oppositori politici sono eliminati. Nel 1933 circa 150.000 avversari politici vengono mandati nei campi di concentramento per essere 'rieducati'. Nei primi anni del regime di Hitler le elezioni sono organizzate solo per salvare le apparenze.

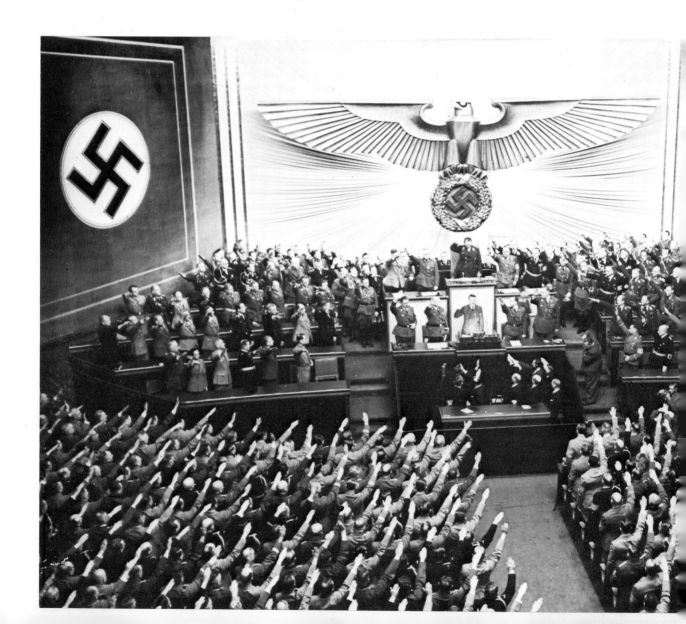

35 Hitler addresses the Reichstag.
October 6, 1939.
36 Even deceased democrats are
enemies. The monument for Friedrich
Ebert, the first president of Germany,
is demolished. April, 1933.
37 Oranienburg concentration camp
near Berlin. April 6, 1933.

35 Hitler parla al Reichstag il
6 ottobre 1939.
36 Perfino i democratici morti sono
nemici dello Stato. Il monumento a
Friedrich Ebert, il primo presidente
della repubblica di Weimar, é
demolito.
37 Il campo di concentramento di
Oranienburg vicino a Berlino. 6 aprile
1933.

36

35

37

30

The Nazis try very quickly to dispand the labor movement. The arrest of 10,000 active members in March 1933 is a heavy blow to the trade unions. In spite of terror and repression, anti-Nazi trade union groups get 80% of the vote during company elections that same month.

On May 1, 1933, Hitler announces the celebration of the 'Day of National Labor'. The largest trade union ADGB, calls on its members to participate. It turns into a mass Nazi manifestation, however. On May 2nd the Nazis occupy the trade union buildings and seize property. Trade union leaders are replaced by Nazis. The DAF (German Workers Front) is the only union allowed to operate as of May 10, 1933. All workers are forced to become members. There is no place for an independent labor movement that protects the interests of its members. Workers and employers must cooperate. Strikes are forbidden.

I nazisti tentano di eliminare velocemente il movimento dei lavoratori. L'arresto di 10.000 attivisti nel marzo 1933 é un duro colpo inflitto ai sindacati. Ma nonostante il regime di terrore e la repressione, i gruppi dei sindacati antinazisti ottengono ancora l'80% dei voti durante le elezioni nelle fabbriche di quello stesso mese.

Il 1 maggio 1933, Hitler annuncia la celebrazione della 'Giornata del lavoro nazionale'. Il sindacato piú grande, ADGB, fa appello ai suoi membri affinchè partecipino. Comunque, la manifestazione viene trasformata in un raduno di massa nazista. Il 2 maggio i nazisti occupano le sedi del sindacato e si impossessano delle sue proprietá. I capi del movimento sindacale sono rimpiazzati da nazisti. Il DAF (cioè Fronte tedesco dei lavoratori) é l'unico sindacato a cui sia ancora consentito agire dopo il 10 maggio 1933. Tutti i lavoratori sono costretti ad iscriversi. Non c'è posto per un movimento sindacale autonomo che protegga gli interessi dei suoi membri. I lavoratori e gli imprenditori devono collaborare. Gli scioperi sono proibiti.

39

40

38 Communists and Social Democrats are arrested by the SA. Spring 1933.
39 Throughout Germany millions of people celebrate the Day of National Labor on May 1, 1933. Munich.
40 On May 2, 1933, the SA seizes trade union buildings throughout the country. Berlin.

38 Le SA arrestano nella primavera del 1933 Socialdemocratici e Comunisti.
39 In tutta la Germania milioni di persone festeggiano il 1 maggio 1933 la 'Giornata del lavoro nazionale'. Monaco.
40 Il 2 maggio 1933 in tutto il paese le SA si impadroniscono delle sedi dei sindacati. Berlino.

32

To fight the vast unemployment, the Nazis initiate employment projects: construction of freeways (Autobahnen) and fortification of the arms industry. The country's economy changes to a war economy. To that end everyone must contribute. Teen-agers and young adults are forced to work an allotted period of time for a nominal fee. Simultaneously, they are indoctrinated in Nazi ideology. From 1938 on, workers in certain professions are forced to work in the war industry.

Per combattere la disoccupazione diffusa, i nazisti iniziano alcuni progetti per creare lavoro: costruzione di autostrade e rafforzamento dell'industria militare. L'economia del paese viene trasformata in economia di guerra. A tal fine ognuno deve contribuire. Gli adolescenti ed i giovani sono costretti a lavorare per un periodo di tempo stabilito con una paga irrisoria. Allo stesso tempo, sono indottrinati nell'ideologia nazista. Dal 1938 in poi tutti coloro che erano impiegati in certe professioni devono lavorare per l'industria di guerra.

41 *On behalf of 40,000 male and 2,000 female labor serviceworkers, their leader pledges allegiance to Hitler. September 1938.*
42 *Workers marching to work.*
43 *Handing out shovels to build the freeways. Near Frankfurt. September 1933.*

41 *Settembre 1938. Il capo di 40.000 lavoratori e 2.000 lavoratrici dichiara fedeltà ad Hitler.*
42 *Operai che vanno marciando verso il cantiere dell'autostrada vicino a Francoforte.*
43 *Distribuzione delle pale per costruire le autostrade a Francoforte il 23 settembre 1933.*

42

43

41

18, 19 THE ANTI-JEWISH BOYCOTT AND POPULAR ANTI-SEMITISM

18, 19 *IL BOICOTTAGGIO CONTRO GLI EBREI E L'ANTISEMITISMO 'SPONTANEO'.*

On April 1, 1933, Joseph Goebbels declares the official boycott of Jewish shopkeepers, doctors and lawyers.
On April 11, 1933, all public servants with at least one Jewish grandparent are fired. These and scores of other measures are designed to remove Jews from their jobs and businesses. According to the Nazi philosophy, there is only room for pure white Germans ('Aryans') in the nation. Only Aryans can be 'compatriots' (Volksgenossen). Jewish companies are 'Aryanized': the Nazis force Jewish business owners to sell their property, and the Nazis themselves fire the Jewish personnel.

Il primo aprile 1933, Joseph Goebbels dichiara ufficialmente il boicottaggio dei negozianti, dei medici e degli avvocati ebrei. L'11 aprile 1933 tutti i funzionari statali che hanno un antenato di razza ebraica nella seconda generazione sono licenziati. Queste e decine di altre misure sono intese a rimuovere gli ebrei dal loro lavoro e dagli affari. Secondo la filosofia nazista, nella nazione c'é posto soltanto per i tedeschi di pura razza bianca (ariana). Solo gli ariani possono essere 'compatrioti' (Volksgenossen). Le ditte ebree sono 'arianizzate'. I nazisti costringono i proprietari ebrei a vendere le loro proprietá ed i nazisti stessi licenziano il personale ebreo.

46

47

44, 46, 47 Appeals to boycott
Jewish-owned shops.
45 'Jew'. Berlin, 1933.
48 A Jewish shopkeeper wearing his
military decorations in front of his
store in Cologne.

44, 46, 47 Appello al boicottaggio
dei negozi che appartengono ad ebrei.
45 'Ebreo'. Berlino, 1933.
48 Davanti al suo negozio a Colonia
un negoziante ebreo indossa le sue
medaglie al valore militare ricevute
durante la Prima Guerra Mondiale.

48

45

49, 50 *Carnival in Cologne, 1934.
Men dress up as Jews. 'The last Jews
disappear. We're only on a short trip
to Lichtenstein or Jaffa'. 1934.*
51 *Carnival wagon with men in
concentration camp uniforms: 'Away
to Dachau'. Nuremberg, 1936.*
52 *At the Nuremberg carnival in
1938. 'National enemies'. A puppet
at the gallows wearing a Star of
David.*

49

50

51

49, 50 *Carnevale di Colonia, 1934. Uomini travestiti da ebrei. 'Gli ultimi ebrei scompaiono. Stiamo soltanto facendo una breve gita a Lichtenstein o a Jaffa.'*
51 *Carro del carnevale con uomini che indossano le uniformi dei campi di concentramento : 'Via a Dachau', Norimberga, 1936.*
52 *Il Carnevale di Norimberga del 1938. 'Nemico nazionale'. Un pupazzo con la stella di David alla forca.*

52

20 THE NATIONAL SOCIALIST 'WELFARE STATE'

20 LO 'STATO ASSISTENZIALE' NAZIONAL-SOCIALISTA

The Nazi state gives the impression it is taking care of everything: vacations, recreation, art and culture, health care for mother and child, etc. This, however, applies only to those who are 'Volksgenossen': racially 'pure' and mentally and physically healthy.

Lo stato nazista dà l'impressione di prendersi cura di tutto: vacanze, passatempi, arte e cultura, sanitá per madri e figli ecc. Ma questo funziona solo per coloro che sono 'Volksgenossen': 'puri' da un punto di vista della razza e sani fisicamente e mentalmente.

54

55

56

53, 54, 55, 56 The 'Kraft Durch Freude' (Strength Through Joy) organization promises vacations and entertainment for every German: a trip to Madeira or Libya, to the mountains to ski or the beach to swim. Even the famous Fratellini clowns perform for Kraft Durch Freude in the Horst Wessel Hospital. Kraft Durch Freude organizes vacations for one million Germans.

53, 54, 55, 56 L'organizzazione 'Kraft Durch Freude' (La forza attraverso la gioia) promette vacanze e divertimenti ad ogni tedesco: un viaggio a Madeira o in Libia, in montagna a sciare o al mare a nuotare. Perfino i famosi clowns Fratellini si esibiscono per la 'Kraft Durch Freude' nell'Ospedale Horst Wessel. Un milione di tedeschi vanno in vacanza per la prima volta con la Kraft Durch Freude.

40

The Nazis believe that a healthy nation should not spend money on the mentally handicapped. Consequently, thousands of mentally handicapped are quietly killed beginning in 1939. In contrast to their silence about the Jews, the churches voice indignation and protest over the killing of the mentally handicapped. The so-called Euthanasia Project is stopped in 1941. A total of 72,000 physically and mentally handicapped men, women and children and alcoholics are killed by injection or gas.

In the last years of the Hitler regime another 130,000 patients die of starvation or cold because of deliberate neglect.

I nazisti credono che una nazione sana non debba spendere soldi per i malati di mente. Di conseguenza, a partire dal 1939 migliaia di questi malati sono uccisi senza clamore. Ma la chiesa, che aveva mantenuto il silenzio sulla questione degli ebrei, alza la voce in una protesta indignata contro l'uccisione dei malati di mente. Nel 1941 il cosidetto 'progetto eutanasia' è fermato. Un totale di 72.000 uomini, donne e bambini, handicappati dal punto di vista fisico e mentale, ed alcolizzati vengono uccisi per mezzo di iniezioni o con il gas.

Negli ultimi anni del regime di Hitler altri 130.000 pazienti muoiono, a causa dello stato di abbandono in cui deliberatamente vengono lasciati, di fame e di freddo.

57

58

57, 58 With comparisons like these, the Nazis try to influence public opinion: 'A genetically healthy family is forced to live in an old railroad car.' 'Hereditarily mentally handicapped people in an institution.' From 'Little Handbook for Heredity and Race Sciences.' 1934.

57, 58 Con confronti come questo, i nazisti cercano di influenzare l'opinione pubblica: 'Una famiglia geneticamente sana è costretta a vivere in un vecchio vagone ferroviario'. 'Handicappati con malattie mentali ereditarie in un istituto'. Dal 'Piccolo manuale per l'ereditarietá e le scienze razziali.' 1934.

59

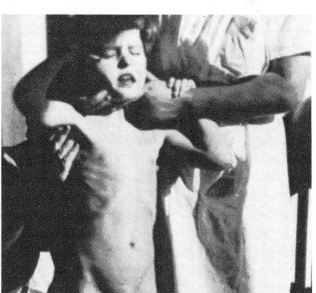

60

59 *The mental institution in Hadamar. The corpses of more than 10,000 victims are burned in the crematorium.*
60 *This mentally handicapped girl is being photographed before she is killed.*

59 *L'ospedale psichiatrico di Hadamar. I cadaveri di piú di 10.000 vittime sono bruciati nel crematorio.*
60 *Questa ragazza handicappata mentale é fotografata prima di essere uccisa.*

42

The Nazis encourage large families. More children mean more future soldiers. But these children must be racially 'pure' and healthy. On June 14, 1933, a law is introduced 'to prevent genetically unfit offspring.' The result: forced sterilization for individuals who are mentally handicapped, epileptic, deaf or blind.

1935: the Nuremberg laws 'protect German blood and German honor' by forbidding marriage between Jews and Aryans and by punishing Jews and Aryans who engage in sexual intercourse.

1937: the Gestapo (Nazi police) brings 385 black German children to university hospitals to be sterilized.

I nazisti fanno propaganda a favore delle famiglie numerose. Piú bambini vuol dire piú soldati. Ma questi bambini devono essere di 'pura' razza e sani. Il 14 luglio 1933 viene introdotta 'la legge per la prevenzione della prole geneticamente non sana'. I risultati sono : la sterilizzazione forzata per gli individui che sono mentalmente handicappati, per gli epilettici, per i sordi o per i ciechi.

1935: le leggi di Norimberga 'a protezione del sangue tedesco e dell'onore tedesco' proibiscono il matrimonio tra gli ebrei e gli ariani e puniscono gli ebrei e gli ariani che hanno rapporti sessuali.

1937: la Gestapo (la polizia nazista) porta 385 bambini tedeschi di colore alle Cliniche Universitarie. Lí saranno sterilizzati.

61

62

63

64

65

61, 62, 63, 64 *'This is how a German mother looks, and this is a non-German alien mother.' (...) 'These are children of your own blood, and these belong to an alien race'. From the SS booklet 'Victory of Arms, Victory of Children'.*
65 *'Day of Large Families'. Frankfurt, 1937.*

61, 62, 63, 64 *'Ecco l'aspetto di una madre tedesca mentre questa è una madre straniera non-tedesca.' (...) 'Questi sono bambini del nostro stesso sangue e questi appartengono ad una razza aliena'. Dall'opuscolo delle SS 'Vittoria delle armi, vittoria dei bambini'.*
65 *La 'giornata delle famiglie numerose'. Francoforte, 1937.*

44

Although the Nazi ideology is basically anti-Christian, from 1933 on the Nazis can count on ample support from the German churches. With few exceptions both the Protestant and Catholic churches endorse the racial and political priciples of the Nazis.

On March 28, 1933, the Catholic bishops declare their loyalty to Hitler. The next month the Protestant Altpreussische Union also endorses Hitler.

During elections in the Evangical Church on July 25, 1933, the anti-Semitic 'German Christians' capture a large majority. The official churches fail to protest against the persecution of the Jews, even Jews who had converted to Christianity.

Sebbene l'ideologia nazista sia fondamentalmente anticristiana, dal 1933 in poi i nazisti possono contare su un vasto appoggio delle chiese tedesche. Con poche eccezioni, sia la chiesa protestante che quella cattolica appoggiano i principi politici e razziali del nazismo. Il 28 marzo 1933, i vescovi cattolici dichiarano la loro fedeltà ad Hitler. Un mese dopo anche la Altpreussische Union, di credo protestante, appoggia Hitler.

Durante le elezioni del 25 luglio 1933, la lega antisemita i 'Cristiani tedeschi' della chiesa evangelica ottiene una grande maggioranza. Le chiese ufficiali non protestano contro le persecuzioni degli ebrei, neppure degli ebrei convertiti al credo cristiano.

67

66 Bishop Müller, speaking in Berlin, September 25, 1934.
67 Festival for the Catholic youth in Berlin, August 20, 1933: 'Long live the Führer!'
68 Hildegard Schaeder is a member of the 'Bekennende Kirche' to which Dietrich Bonhoeffer and Martin Niemöller also belong. Unlike the official churches, this group protests from the very beginning against the persecution of the Jews. Mrs. Schaeder helps Jews leave Germany. Between 1943 and 1945 she is detained in Ravensbrück concentration camp.

66 Il vescovo Müller parla il 25 settembre 1934 a Berlino.
67 Festa della gioventù cattolica a Berlino il 20 agosto 1933: 'Lunga vita al Führer!'
68 Hildegard Schaeder è un membro della Bekennende Kirche di cui anche Dietrich Bonhoeffer e Martin Niemöller fanno parte. A differenza delle chiese ufficiali, questo gruppo protesta fin dall'inizio contro le persecuzioni agli ebrei. La signora Schaeder aiuta gli ebrei a lasciare la Germania. Tra il 1943 ed il 1945 è imprigionata nel campo di concentramento di Ravensbrück.

68

66

46

Beginning in 1933 only one youth movement is allowed: the Hitler Youth (Hitler Jugend). All other organizations are either incorporated or forbidden. The aim is to convert youth into National Socialists. For boys the emphasis is on military training; for girls, motherhood.
The youth movement focuses on sports and physical activities. Reading and learning are of secondary importance.

A partire dal 1933 soltanto un movimento giovanile è autorizzato: la Gioventú di Hitler (Hitler Jugend). Tutte le altre organizzazioni vengono assimilate o proibite. Lo scopo è di convertire i giovani al Nazionalsocialismo. Per i ragazzi l'enfasi è sull'addestramento militare; per le ragazze, sulla maternità.
Il movimento giovanile si concentra sullo sport e sulle attività fisiche. Leggere ed imparare sono di secondaria importanza.

70

69 Hitler Youth welcoming Hitler in Nuremberg, September 1938.
70, 71 The Hitler Youth and the Bund Deutscher Mädel (League of German Girls) offer a variety of leisure activities.
72 League of German Girls sports festival in Frankfurt, 1938.

69 La Gioventú di Hitler dà il benvenuto ad Hitler a Norimberga. Settembre 1938.
70, 71 La Gioventú di Hitler e la Bund Deutscher Mädel (Lega delle ragazze tedesche) offrono una vasta gamma di attività per il tempo libero.
72 La manifestazione sportiva della Bund Deutscher Mädel a Francoforte nel 1938.

69

26 EDUCATION

26 L'EDUCAZIONE

48

Education becomes National Socialist-oriented.
In April 1933 a law is passed to fire all teachers who are Jews or political opponents. Hundreds of textbooks are replaced by Nazi-written material. New subjects, such as genetics and the study of race and nation, are introduced.
The universities replace professors. Political opponents and Jews are stripped of their academic titles. The number of Jewish and female students is limited.
In 1938 Jews are barred from schools and universities altogether.

Anche l'educazione è nazionalsocialista. Nell'aprile 1933 viene emessa una legge per il licenziamento di tutti gli insegnanti che siano ebrei o che abbiano idee politiche contrarie. Centinaia di libri di testo vengono sostituiti da materiale scritto secondo le norme dei nazisti. Le università sostituiscono i professori. Agli oppositori politici ed agli ebrei vengono tolti i titoli accademici. Il numero degli studenti ebrei é limitato. Nel 1938 gli ebrei sono allontanati completamente dalle scuole e dalle università.

73 Schoolchildren learn the Hitler salute.
74 Eugen Fischer, Chancellor of the University of Berlin, is replaced by Wilhelm Krüger, who wears the traditional robe over his Nazi uniform. 1935.
75 Die 'Weisse Rose' (The White Rose) is a resistance organization in Munich, 1942. Hans and Sophie Scholl, brother and sister, are active members. They are caught by the Gestapo and executed after a quick trial. Anti-Nazi student groups such as these spring up in various German university towns.

73 Scolari imparano il saluto di Hitler.
74 Eugen Fischer, rettore dell'Università di Berlino, è sostituito da Wilhelm Krüger, che indossa il tradizionale mantello sopra l'uniforme nazista, 1935.
75 Die Weisse Rose (La Rosa Bianca) è una organizzazione della resistenza a Monaco nel 1942. Hans e Sophie Scholl, fratello e sorella, sono membri attivi. Saranno catturati dalla Gestapo e giustiziati dopo un breve processo. Gruppi studenteschi antinazisti come questi sorgono in diverse città universitarie tedesche.

74

75

50

Nazism is dependent upon propaganda. Mass meetings, photos, posters, stamps – they all are used to propagate the Nazi ideology. Nazis consider propaganda so important they even create a special Ministry of Propaganda under the leadership of Goebbels.

Il nazismo dipende dalla propaganda. Raduni di massa, foto, manifesti, francobolli, tutto é usato al fine di diffondere l'ideologia nazista. I nazisti considerano la propaganda così importante che creano uno speciale Ministero della Propaganda con a capo Goebbels.

76 A swastika flag for every household.

77 The annual 'Day of the Party', a gigantic propaganda meeting. 1937.

78 Propaganda from the magazine Stürmer: 'The Jews Are Our Misfortune'.

76 Una bandiera con la svastica per ogni famiglia.

77 Il raduno annuale della 'Giornata del partito' a Norimberga, una gigantesca riunione di propaganda. 1937.

78 Propaganda dalla rivista 'Stürmer': 'Gli ebrei sono la nostra disgrazia.'

77

76

78

In Hitler's Germany art and culture are made totally subordinate to the Nazi ideology. All works of art by Jews and political opponents are destroyed or confiscated and henceforth forbidden.
The independent artist can no longer work. Painters, musicians and authors are forced to join Goebbels' 'chamber of culture' in order to continue working.

Nella Germania di Hitler l'arte e la cultura sono totalmente subordinate all'ideologia nazista. Tutte le opere d'arte di ebrei o di antagonisti politici sono distrutte o confiscate e quindi proibite. Gli artisti indipendenti non possono più lavorare. Per continuare nella loro arte, pittori, musicisti ed autori sono costretti a far parte della 'Camera della cultura' di Goebbels.

79

79 *Artists are forced to choose between leaving the country or adapting to the new situation. Film director Leni Riefenstahl (center) puts her skills to use for the Nazis. Her famous propaganda movie is 'Triumph des Willens' (Victory of the Will), a documentary of the Nazi Party Day in Nuremberg, 1935.*
80, 81, 82 *The burning of banned books in Berlin. May 1933.*

79 *Gli artisti devono scegliere se lasciare il paese o accettare la nuova situazione. La regista Leni Riefenstahl (al centro) mette la propria abilità al servizio dei nazisti. Il suo famoso film di propaganda é 'La vittoria della volontà' (Triumph des Willens), un documentario della 'Giornata del partito nazista' a Norimberga nel 1935.*
80, 81, 82 *Il rogo dei libri proibiti a Berlino. Maggio 1933.*

80

81

82

Shortly after coming to power, Hitler meets with the top echelon of the German Army to propose his plans. The 'Shame of Versailles' must be erased. Rearmament, return of the lost territories and new 'space to live' (Lebensraum) in the east are his goals. The army is willing on one condition: that the power of the SA, Hitler's paramilitary organization consisting of 2.5 million men, is limited. On Hitler's orders, the top leaders of the SA are murdered on June 30, 1934.
At the end of 1934 the army swears its oath of loyalty to Hitler personally. In 1935 the draft is introduced.

Subito dopo aver avuto il potere, Hitler si incontra con i più alti ufficiali dell'Esercito tedesco per esporre i suoi piani. La 'Vergogna di Versailles' deve essere cancellata. Il riarmo, la riacquisizione dei vecchi territori ed il nuovo 'spazio vitale' (Lebensraum) all'est sono i suoi obiettivi. L'esercito è d'accordo, ma pone una condizione: che il potere delle SA, l'organizzazione paramilitare di Hitler che conta due milioni e mezzo di uomini, sia limitato. Per ordine di Hitler, i capi delle SA vengono assassinati il 30 giugno 1934.
Alla fine del 1934 l'esercito giura fedeltà ad Hitler in persona. Nel 1934 viene introdotto il servizio di leva.

83 *General Ludwig Beck resigns in 1938 after learning of Hitler's plan to attack Czechoslovakia. Later, Beck is involved in the attempted murder of Hitler on July 20, 1944. When the attack fails, he commits suicide.*
84 *The first group of new recruits. June 1935.*
85 *The arms industry in full action. Between 1934 and 1939 more than 60 billion German Marks are spent on armaments. For social services only 4 billlion Marks are available.*

83 *Il generale Ludwig Beck dà le dimissioni nel 1938 dopo aver appreso i piani di Hitler per attaccare la Cecoslovacchia. Più tardi, Beck è coinvolto nel tentativo di omicidio di Hitler il 20 luglio 1944. Egli si suiciderà dopo il fallimento dell'attentato.*
84 *Il primo gruppo di nuove reclute. Giugno 1935.*
85 *L'industria degli armamenti in piena attività. Tra il 1934 ed il 1939 più di 60 miliardi di marchi tedeschi sono spesi in armamenti. Nel frattempo le spese per l'assistenza sociale sono tagliate. Nello stesso periodo di tempo, tra il 1934 ed il 1939, soltanto 4 miliardi di marchi tedeschi sono spesi per servizi sociali.*

83

84

85

56

In April 1933 Adolf Hitler receives a delegation of German judges. Although the judges dedicate themselves to the new order, they ask that in return for their loyalty, Hitler agree to guarantee their independence. Hitler does agree, provided certain 'necessary measures' are taken. The delegation approves his measures, and as a result, Jews and political opponents are fired.

A few judges realize the ramifications and retire. Other judges believe that by staying on, worse situations can be prevented. Soon, however, the judicial system becomes part of the terror machinery. To begin with, the judges accept the race laws and evidence obtained by torture. Then they accept the unrestricted actions of the SA, SS and Gestapo against so-called traitors. And finally, they even accept that Jews, homosexuals and gypsies are being stripped of any rights.

Nell'aprile del 1933 Hitler riceve una delegazione di giudici tedeschi. Essi dichiarano la loro disponibilitá a seguire il nuovo ordine, ma in cambio vogliono sia data loro garanzia di poter agire in modo autonomo. Hitler è d'accordo, a patto che alcune 'necessarie misure' siano prese. La delegazione approva le sue misure, e come risultato, ebrei ed opponenti politici sono licenziati. Pochi giudici si rendono conto delle implicazioni future e vanno in pensione. Altri giudici credono di poter prevenire situazioni peggiori rimanendo in carica. Subito, comunque, il sistema giudiziario diventa parte della 'macchina del terrore'. Per cominciare, i giudici accettano le leggi razziali e le prove ottenute con la tortura. Poi accettano le innumerevoli azioni delle SA, delle SS e della Gestapo contro i cosiddetti traditori. Ed infine accettano perfino che ebrei, omosessuali e zingari siano privati di ogni diritto.

86 Street control in Berlin, 1933.
87 A member of the SA (right) serves as a police officer. The original caption of this photo reads: 'Law and order restored in the streets of Berlin.'
88 The SA in action. Their victims have no rights.
89 The 'Volksgerichtshof' (People's Court of Justice) with President Roland Freisler condemned hundreds of people to capital punishment, sometimes for very minor offences.

86 Controllo per le strade a Berlino, 1933.
87 Un membro delle SA (a destra) in servizio come ufficiale della polizia. La didascalia originale alla foto era: 'La legge e l'ordine ritornano nelle strade di Berlino'.
88 Le SA in azione. Le loro vittime non hanno diritti.
89 Il 'Volksgerichtshof', la 'Corte di giustizia del popolo', con la Presidenza di Roland Freisler ha condannato centinaia di persone alla pena capitale, a volte per reati minori.

87

88

58

In 1933 about half a million Jews (or 0.77% of the population) live in Germany, in the cities and throughout the countryside. As soon as the Nazis come to power the Jews are systematically isolated. By April 1933 Jewish civil servants are already being dismissed. In all aspects of life – work, education, leisure time, culture – the Jews are separated from the non-Jews via a seemingly endless list of decrees. The ever shrinking Jewish community tries to continue normal life as much as possible against all odds.

Nel 1933 abitavano in Germania circa mezzo milione di ebrei (pari al O.77% della popolazione) sia in cittá che in campagna. Non appena i nazisti sono al potere gli ebrei sono sistematicamente isolati. Giá dall'aprile del 1933 i funzionari statali ebrei sono licenziati. In tutti gli aspetti della vita, nel lavoro, nell'educazione, nel tempo libero, nella cultura, gli ebrei sono separati dai non ebrei con una lista quasi infinita di proibizioni. La comunitá ebrea, sempre più ristretta, cerca di continuare a vivere nel modo più normale possibile nonostante tutte le difficoltá.

90 *A farewell. Teacher Ruth Ehrmann saying goodbye to a pupil who is going to emigrate.*

90 *Un addio. L'insegnante Ruth Ehrmann saluta uno scolaro che sta per emigrare.*

91

92

91 The Jewish Cultural Union offers
the opportunity for performers and
musicians who have been dismissed to
continue to practice their profession –
but only for Jewish audiences.
Grünewald, 1935.
92 Letters from family members and
friends provide the only contact with
those who have left the country.
1938.
93 The youth section of the Jewish
sports club Maccabee.

91 Il 'Jüdische Kulturbund' (Sindacato
culturale ebreo) offre ai musicisti ed
agli artisti che sono stati licenziati la
possibilitá di continuare le loro
attivitá, ma soltanto per un pubblico
ebreo. Grünewald, 1935.
92 Le lettere dei familiari e degli
amici sono l'unico contatto con
quelli che hanno lasciato la Germania.
1938.
93 La sezione giovanile del club
sportivo ebreo 'Makkabi'. Berlino,
1936.

60

On November 9-11, 1938, scores of synagogues and thousands of Jewish-owned shops all over Germany and Austria are ransacked and burned. This is known as 'Crystal Night', named after the shattered glass windows which were a result of the rampage. Starting November 12 the first mass arrests of Jews take place. About 30,000 Jewish men and boys are taken and deported to the Buchenwald, Dachau and Sachsenhausen concentration camps. The *'Kristallnacht'* signifies an important, stepped-up persecution of the Jews.

Tra il 9 novembre e l'11 novembre 1938 decine di sinagoghe e migliaia di negozi posseduti da ebrei in tutta la Germania e l'Austria sono saccheggiati e bruciati. 'E la 'Notte dei cristalli', così come venne chiamata a causa delle vetrine infrante che furono il risultato di quella violenza. A partire dal 12 novembre hanno luogo i primi arresti di massa degli ebrei. Circa 30.000 uomini e bambini ebrei sono presi e deportati nei campi di concentramento di Buchenwald, Dachau e Sachsenhausen.
La 'Notte dei Cristalli' segna l'insprirsi della persecuzione degli ebrei.

94 *Jewish shops with shattered windows.*
95 *Frankfurt's synagogue afire, Börneplatz (Börne Square). November 9, 1938.*
96 *Burning the synagogue's furniture in Tiengen. November 10, 1938.*

94 *Negozi ebrei dopo la 'Kristallnacht' (La Notte dei cristalli).*
95 *La sinagoga di Francoforte in fiamme. Börneplatz, 9 novembre 1938.*
96 *Il rogo dei mobili della sinagoga a Tiengen il 10 novembre 1938.*

95

96

62

From 1933 on more and more Jews leave Germany, but Kristallnacht in 1938 triggers a mass exodus. By the spring of 1939 about half of Germany's 500,000 Jews have left. The problem for Jews is where to go.

Jewish refugees are not welcome everywhere. Many countries quickly place a quota on the number of Jews they allow to enter. In some cases, countries even close their borders to Jews.

As a result, German-Jewish refugees are scattered throughout the world, sometimes through bizarre and roundabout ways.

Dal 1933 in poi un numero sempre maggiore di ebrei lascia la Germania, ma la 'Kristallnacht' del 1938 scatena un esodo di massa. Nella primavera del 1939 più o meno la metà dei 500.000 ebrei tedeschi hanno lasciato la Germania. Ma il problema per loro è dove andare.

I profughi ebrei non sono ovunque i benvenuti. Molti paesi adottano misure per limitarne il numero o giungono perfino a chiudere le frontiere. Così gli ebrei tedeschi si disperdono in tutto il mundo, talvolta dopo aver seguito i percorsi più bizzarri.

97

97

97 A travel agency on Meineke Street. Berlin, 1939.
98, 99 From 1938 onward, many Jewish parents in Germany and Austria send their children to other countries that might be safer.
100 Arrival of Jewish refugees in Shanghai. By 1940 about 20,000 are allowed to settle there.

97 Un'agenzia di viaggi nella Meinekestrasse. Berlino, 1939.
98, 99 Dal 1938 in poi, molti genitori ebrei in Germania ed in Austria decidono di mandare i loro bambini in altri paesi più sicuri. Questa ragazza sta andando in Inghilterra.
100 L'arrivo dei profughi ebrei a Shangai. Nel 1940 fu consentito ad almeno 20.000 ebrei di sistemarsi qui.

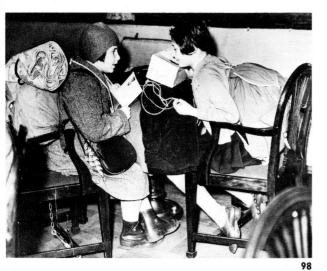

98

100

99

64

The reactions from other countries to the Nazi regime differ markedly. Many do not believe Hitler will stay in power for a long time and do not want to get involved. Others strongly oppose the developments in Germany. Still others are so enthusiastic about Hitler they organize National Socialist movements in their own country. In general, the danger of National Socialism and the persecution of the Jews is underestimated.

Le reazioni degli altri paesi al regime nazista si differenziano notevolmente. Molti non credono che questo governo rimarrà a lungo al potere e non vogliono essere coinvolti. Altri si oppongono con forza agli sviluppi degli eventi in Germania. Altri ancora sono così entusiasti di Hitler da organizzare dei movimenti nazionalsocialisti nel loro paese. In generale, il pericolo rappresentato dal Nazionalsocialismo e dalla persecuzione degli ebrei è sottovalutato.

102

101 As a protest against the mass arrests of socialists and communists in Germany, 18-year-old Sara Roth chains herself to a street lamp. Washington, D.C., 1933.
102 A plea to open Palestine to Jewish refugees. London, November 1938.
103 In many countries organizations sympathetic to the Nazi's are founded. A branch of the SA is formed in California.

101 Per protestare contro gli arresti in massa di socialisti e comunisti in Germania, la diciottenne Sara Roth si incatena ad un lampione a Washington D.C. nel 1933.
102 Un appello per aprire la Palestina ai profughi ebrei. Londra, novembre 1938.
103 In molti paesi si costituiscono gruppi di simpatizzanti nazisti, che seguono quella ideologia. Qui siamo in California.

103

35 JEWISH LIFE IN HOLLAND BEFORE 1940

35 LA VITA DEGLI EBREI IN OLANDA PRIMA DEL 1940

The Jewish population in Holland in 1940 is about 140,000, 24,000 of whom are refugees. The Dutch government, which is not convinced of the Jews' need to flee from Germany, restricts the number of immigrants allowed into Holland.

The only assistance available to refugees is in camps like Westerbork, for which the Dutch Jewish community is required to pay all costs.

Amsterdam has the largest Jewish community: 90,000. Most are poor. They work in the trade, garment and diamond industries. Although there are expressions of anti-Semitism, most Jews feel they have assimilated into the Dutch community.

Nel 1940 la popolazione di razza ebrea in Olanda conta circa 140.000 persone, di cui 24.000 sono profughi. Il governo olandese, che non é convinto della necessitá degli ebrei di fuggire dalla Germania, restringe il numero degli immigranti cui é consentito entrare in Olanda. La sola assistenza per i profughi é in campi come Westerbork, e la comunitá olandese deve pagare tutte le spese. Amsterdam ha la piú grande comunitá ebrea: 80.000 persone. La maggior parte é povera gente che lavora nel commercio, nell'industria del vestiario e in quella dei diamanti. Anche se ci sono espressioni di antisemitismo, la maggior parte degli ebrei si sente integrata nella comunitá olandese.

104

104 Uilenburg, a street in the Jewish quarter in Amsterdam.
105 Matzo bakery in the Jewish quarter in Amsterdam.
106 The Waterloo Square market located in the center of the Jewish quarter, Amsterdam.
107 Jews at work in the diamond industry.

104 Uilenburg, una strada nel quartiere ebreo ad Amsterdam.
105 Panetteria matzo nel quartiere ebreo di Amsterdam.
106 Il mercato di Piazza Waterloo è situato nel centro del quartiere ebreo ad Amsterdam.
107 Molti ebrei lavorano nell'industria dei diamanti.

105

106

107

36-43 THE FRANK FAMILY – HOLLAND, 1933-1940

36-43 LA FAMIGLIA FRANK – OLANDA, 1933-1940

In 1933, after Hitler comes to power and after the anti-Jewish boycott, Otto Frank leaves Frankfurt for Amsterdam. He starts a branch of the German Opekta Co. there, and soon Edith, Margot and Anne join him.

The Frank family moves into a house on Merwedeplein in the southern part of the city. Anne and Margot attend the Montessori School nearby. They have lots of friends, and photographs are proof of the many excursions they took. The Franks become good friends with some other Jewish emigrants who settle in the same neighborhood. The Opekta Co. is doing rather well.

However, this relatively carefree life is suddenly interrupted by the German invasion in May 1940.

Nel 1933, dopo che Hitler é arrivato al potere ed ha iniziato il boicottaggio antiebreo, Otto Frank lascia Francoforte per stabilirsi ad Amsterdam dove apre una succursale della ditta tedesca Opekta. Entro breve tempo, Edith, Margot ed Anne lo raggiungono.

La Famiglia Frank si trasferisce da Amsterdam Sud in una casa a Merwedeplein. Anne e Margot frequentano la vicina scuola Montessori. Fanno molto amicizie, vanno spesso in gita come mostrano le fotografie di quel periodo. I Frank si legano ad altri emigranti ebrei che si sono stabiliti ad Amsterdam Sud. Intanto gli affari della ditta Opekta procedono abbastanza bene.

Ma questa vita serena viene improvvisamente interrotta dall'occupazione tedesca del maggio 1940.

108, 109 *Anne with her friend Sanne Ledermann, 1935, on Merwedeplein, Amsterdam.*
110, 111 *Summer 1934.*
112 *Anne with a girl friend, 1934.*

108, 109 *Anne con l'amica Sanne Ledermann sulla Merwedeplein, ad Amsterdam. 1935.*
110, 111 *Estate del 1934.*
112 *Anne con un'amica, luglio del 1934.*

110

111

112

113

113 *Anne attends a Montessori school, 1935.*
114 *In Amstelrust Park with a rabbit, 1938.*

113 *Anne alla scuola Montessori, 1935.*
114 *Nel parco di Amstelrust con un coniglio, 1938.*

114

115

116

117

115 Anne's 10th birthday. June 12, 1939 (Anne, second from left).
116 Anne.
117 Margot, a girl friend and Anne on the beach at Middelkerke, Belgium. July 1937.

115 Il 12 giugno 1939 Anne (nella foto la seconda da sinistra) compie dieci anni.
116 Anne.
117 Margot, un'amica ed Anne sulla spiaggia a Middelkerke in Belgio nel luglio del 1937.

118

119

118 *Anne on the roof of the house on Merwedeplein, 1940.*
119 *The Frank family on Merwedeplein, May 1940.*
120 *Anne with Hermann and Herbert Wilp.*

118 *Anne sul tetto della sua casa sulla Merwedeplein.*
119 *La famiglia Frank in piazza Merwedeplein, maggio 1940.*
120 *Anne con Hermann ed Herbert Wilp.*

120

121

122

123

121 *Margot and Anne, 1940.*
122 *On the beach in Zandvoort,*
August 1940.
123 *Anne. 1940.*

121 *Margot ed Anne, 1940.*
122 *Sulla spiaggia a Zandvoort,*
agosto 1940.
123 *Anne. 1940.*

1935

1935

1936

1937

1938

1939

1940

1941

1942

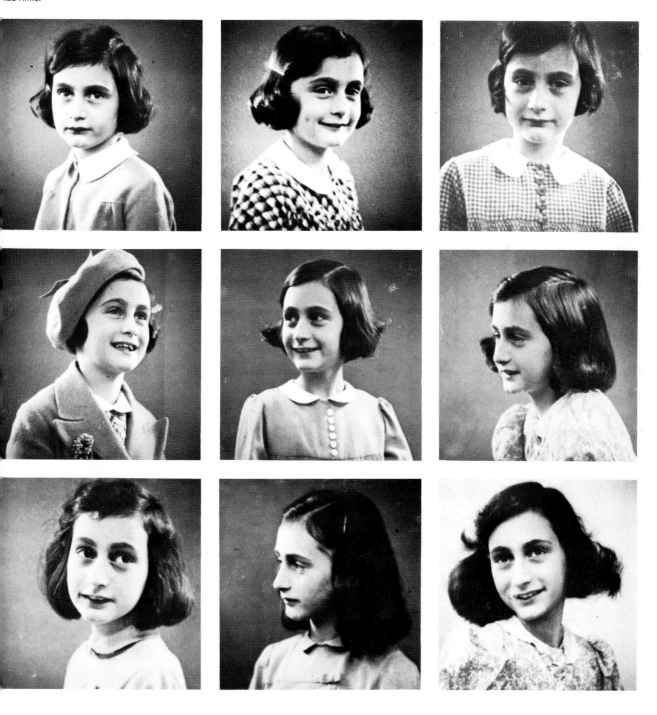

76

In 1931 Anton Mussert establishes the National Socialist Movement (NSB). In the '30s it becomes a growing political party, and in 1935 it captures nearly 8% of the vote. The following of the NSB consists of small businessmen, civil servants and farmers who have lost faith in the country's sectarian political parties.

After 1935 the popularity of the NSB diminishes, partly because of its acknowledged anti-Semitism. When Germany invades Holland the organization still has 27,000 members.

Nel 1931 Anton Mussert fonda il Movimento nazionalsocialista (NSB). Negli anni trenta diventa un partito politico in crescita e nel 1935 ottiene circa l'8% dei voti. I sostenitori dell'NSB sono modesti uomini d'affari, funzionari statali e agricoltori che hanno perso la fiducia nei partiti politici settari del paese.

Dopo il 1935 la popolarità dell'NSB diminuisce, in parte a causa del suo noto antisemitismo. Quando i tedeschi invadono l'Olanda l'organizzazione ha ancora 27.000 membri.

126 Anton Mussert, leader of the NSB.
127 NSB-sympathisers.
128 NSB mass meeting.
129 The NSB is fiercely anti-communist in the election campaign: 'Mussert or Moscow'.
130 An NSB propaganda van: 'Fascism Means Action'.

126 Anton Mussert, leader dell'NSB.
127 Simpatizzanti dell'NSB.
128 Un raduno di massa dell'NSB.
129 L'NSB è fieramente anticomunista nella compagna elettorale: 'Mussert o Mosca' è il suo slogan.
130 Carro di propaganda dell'NSB: 'Essere fascista vuol dire agire'.

128

127

129

130

78

The German invasion begins on May 10, 1940 and is a complete surprise. Holland expected to remain neutral as it had done during World War I.

The occupation is swift. In a few days all important areas are seized. The prime minister and his cabinet, as well as the Royal Family, fly to England. After fierce fighting near Arnhem and the bombing of Rotterdam, Holland is forced to surrender. As of May 15, 1940, the country is under German occupation.

L'invasione tedesca del 10 maggio 1940 è una completa sorpresa per l'Olanda che si riprometteva di rimanere neutrale come durante la Prima Guerra Mondiale.

L'invasione è veloce: in pochi giorni tutte le zone strategiche sono occupate. Il Primo Ministro ed il suo Gabinetto, e così la famiglia reale, fuggono in Inghilterra. Dopo violenti scontri nelle vicinanze di Arnhem e il bombardamento di Rotterdam, l'Olanda è costretta ad arrendersi. Il 15 maggio 1940 il paese è sotto l'occupazione tedesca.

132

133

131 *German paratroopers land in Holland. May 10, 1940.*
132, 133 *The bombing of Rotterdam. More than 900 people are killed; more than 24,000 houses destroyed.*
134 *Capitulation. Dutch soldiers turn in their weapons at Binnenhof, the seat of government in The Hague.*

131 *Paracadutisti tedeschi atterrano in Olanda. 10 maggio 1940.*
132, 133 *Il bombardamento di Rotterdam. Più di 900 persone sono uccise e più di 24.000 case sono distrutte.*
134 *La resa: i soldati olandesi consegnano le armi al Binnenhof, la sede del governo all'Aia.*

134

After the first shock and terror of the military actions, most Dutch are relieved that the Germans are behaving 'properly'. The majority of Dutch do not question the right of the Germans to impose their rules. Some measures taken by the Germans, like the blackouts, seem reasonable; others seem bearable, such as the introduction of the I.D. card. Since Germany seems invincible, it stands to reason one has to adapt to the inevitable. The majority of civil servants, teachers and judges – including the Jews among them – fill out the 'Declaration of Aryanism.'

La maggior parte degli olandesi, superato il primo shock ed il senso di terrore causato dalle azioni militari, è sollevata dal constatare che i tedeschi si comportano 'correttamente'. La gran parte degli olandesi non mette in dubbio il diritto dei tedeschi di imporre le loro regole. Alcuni provvedimenti presi dai tedeschi, come l'oscuramento, sembrano ragionevoli; altri sono considerati sopportabili, come per esempio l'introduzione della carta d'identitá. Dato che i tedeschi sembrano essere invincibili, é logico doversi adattare all'inevitabile. La grande maggioranza dei funzionari statali, degli insegnanti e dei giudici – e tra questi anche gli ebrei – compilano la 'Dichiarazione di arianismo'.

135 *Ration cards are needed to buy food.*
136 *Voting booths in Rotterdam are converted into dressing rooms for a swimming pool.*

135 *Per comperare il cibo bisogna avere le tessere annonarie.*
136 *A Rotterdam le cabine per votare sono trasformate in spogliatoi.*

135

137

136

138

137 Fences are erected alongside the Amsterdam canals because the blackout makes walking dangerous at night.

138 As of May 1941, every Dutch citizen is required to carry an identification card, a first for the Dutch. This registration takes place in Amsterdam.

137 Vengono erette delle barriere ai lati dei canali di Amsterdam perché l'oscuramento rende pericoloso camminare la notte.

138 Dal maggio 1941 si esige che ogni cittadino olandese abbia con sé una carta d'identità. 'E la prima volta per gli olandesi. La registrazione ha luogo ad Amsterdam.

82

That the Germans mean business becomes clear in February 1941. The W.A., the paramilitary arm of the NSB, repeatedly enters the Jewish neighborhood of Amsterdam, displaying aggressive and brutal behavior.

Markets on the Waterloo Square and at Amstelveld are raided. The inhabitants of the Jewish neighborhood organize groups to defend their property. Heavy fighting ensues. When a W.A. man dies, the Germans retaliate. On February 22nd the Jewish neighborhood is sealed off and 400 Jewish men and boys are grabbed off the streets and from houses and coffee shops, beaten and taken away. No one knows where to.

Nel febbraio del 1941 divenne chiaro che i tedeschi facevano sul serio. Le 'WA', (Weer-afdeling) il reparto paramilitare dell'NSB, entrano sempre più spesso nella zona ebrea di Amsterdam e si fanno sempre più aggressivi e brutali.

Attaccano varie volte di sorpresa i mercati di Waterlooplein ed Amstelveld. Gli abitanti del quartiere ebreo organizzano dei gruppi per difendere le loro proprietà. Qualche volta ci sono furibondi scontri nel quartiere ebreo. Quando un uomo delle WA muore a causa delle ferite riportate, i tedeschi intervengono con grande durezza. Il 22 febbraio il quartiere ebreo è chiuso, quattrocento tra uomini e giovani ebrei sono presi dalla strada, dalle loro case e dai caffé, picchiati e portati via.

Dove, ancor oggi nessuno lo sa.

139, 140 *The razzia on Jonas Daniël Meijer Square. February 22, 1941.*

139, 140 *La retata in piazza Jonas Daniël Meijer. 22 febbraio 1941.*

84

To protest against this razzia, a general strike is organized immediately, primarily by the Communist Party. In and around Amsterdam tens of thousands join in a two-day strike. The occupying army retaliates with force. German troops are sent to restore order. Shots are fired. People are arrested. For fear of further reprisal, the strike is ended on February 27, 1941.

Per protestare contro questo rastrellamento i gruppi della resistenza, principalmente di matrice comunista, organizzano uno sciopero generale. L'adesione fu massiccia: ad Amsterdam e fuori città decine di migliaia di persone si astennero dal lavoro il 25 ed il 26 febbario. L'esercito degli invasori reagí con forza: reparti militari furono mandati ad Amsterdam a ristabilire l'ordine. Si spara e molti sono arrestati. Per paura di ulteriori rappresaglie si torna al lavoro il 27 febbraio.

Wij ontvingen heden het droeve bericht, dat onze geliefde Zoon, Broeder en Kleinzoon

ARNOLD HEILBUT,

in den leeftijd van 18 jaar, in Duitschland is overleden.

Amsterdam, 2 Juli 1941.
Z. Amstellaan 89.

H. M. HEILBUT.
F. HEILBUT—CARO
en familie.

Heden ontvingen wij bericht, dat in Duitschland op 25 Juni is overleden onze innig geliefde Zoon, Broeder en Zwager

AB. LOPES DE LEAÓ LAGUNA,

in den leeftijd van 24 jaar.
Namens de familie:

B. LOPES DE LEAÓ
LAGUNA.
Verzoeke geen bezoek.
Smaragdstraat 25 I Z.

Met diep leedwezen geven wij kennis, dat onze innig geliefde eenige Zoon

PAUL JACOBUS LEO,

in den ouderdom van 27 jaar, 25 Juni in Duitschland is overleden.

I. HEIMANS JR.
J. B. HEIMANS—
VAN GELDER.
Amsterdam, 1 Juli 1941.
Watteaustraat 5.

Liever geen rouwbeklag.

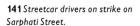

142

141 *Streetcar drivers on strike on Sarphati Street.*
142 *Several months after the razzia relatives of the arrested Jews receive death notices of their loved ones from Mauthausen concentration camp.*

141 *Conducenti di tram in sciopero nella via Sarphati.*
142 *Parecchi mesi dopo la retata i parenti degli ebrei arrestati ricevono dal campo di concentramento di Mauthausen la comunicazione che i loro congiunti sono morti.*

141

The Dutch National Socialist organizations, of which the NSB is the largest, cooperate with the Germans. Even after the razzia in February they organize mass meetings to demonstrate their anti-Semitic and pro-German attitudes. There is also collaboration based on the self-interest of people who hope to profit from the German occupation in Holland. This ranges from selling cakes to the German Army to building military installations.

Le organizzazioni nazionalsocialiste olandesi, tra cui l'NSB é la maggiore, cooperano con gli invasori. Organizzano perfino, dopo il rastrellamento del 21 febbraio 1941, raduni di massa per fare propaganda fascista ed antisemita.
C'é anche un collaborazionismo basato sul puro interesse individuale di chi spera di ottenere vantaggi economici dall'occupazione tedesca in Olanda. Queste attività variano dal fare dolci per la Wehrmacht al costruire installazioni militari.

143 Mussert (center) and the German Reich Commissioner Seyss Inquart inspect the German troops at the Binnenhof, the seat of the government, in The Hague.
144 NSB mass meeting on Museum Square, Amsterdam. June 27, 1941.
145 1941: The windows of the New Israelitic Weekly are smashed.

143 Mussert (al centro nella foto) ed il governatore in capo tedesco Seyss Inquart mentre ispezionano le truppe tedesche al Binnenhof (la sede del Parlamento) all'Aia.
144 Raduno dell'NSB sulla Piazza del Museo ad Amsterdam il 27 giugno 1941.
145 'E il 1941: le vetrine del 'Nuovo Settimanale Ebreo' sono distrutte.

86

144

143

145

The Germans appealing to deep-rooted anti-communist feelings, solicit volunteers for the war in Eastern Europe. No less than 30,000 Dutch men and boys sign up for the Waffen SS, and 17,000 are admitted beginning in April 1941. Another 15,000 volunteer for military auxiliary organizations and police groups.

I tedeschi cercano di trovare volontari per la guerra nell'est dell'Europa facendo leva su sentimenti anticomunisti profondamente radicati. Non meno di 30.000 olandesi, sia uomini che giovani, si presentano nel giugno del 1941 per far parte delle Waffen SS e 17.000 vengono accettati. I rimanenti 15.000 si presentano come volontari nelle organizzazioni militari ausiliarie e nei gruppi politici come per esempio il Landstorm ed il Landwacht.

146

148

149

146 Volunteers departing for the Eastern Front in Russia. Inspection by General Seyffardt. The Hague, August 7, 1941.
147 Members of the NSB women's organization knit clothes for the volunteers at the Eastern Front.
148 Volunteers departing for the Eastern Front in Russia. The Hague, July 1941.
149 Mussert (left) visiting SS-volunteers at the front in Russia.

146 Volontari in partenza per il Fronte orientale in Russia. Ispezione del Generale Seyffardt all'Aia il 7 agosto 1941.
147 Membri dell'organizzazione femminile dell'NSB fanno abiti per i volontari del Fronte orientale.
148 I volontari in partenza per il Fronte Orientale dall'Aia nel luglio 1941. Sul treno le scritte: 'Via Stalin' e 'Via gli ebrei'.
149 Mussert visita i volontari olandesi delle SS sul Fronte orientale.

147

51, 52 ANTI-JEWISH MEASURES

51, 52 PROVVEDIMENTI CONTRO GLI EBREI.

In February 1941 the Germans force prominent Jews to form a Jewish Council, which has to represent all Jews. The Jewish leaders agree to do so in hopes of avoiding worse. The Germans use the Jewish Council as a means to execute their orders. Step by step the rights of Jews are limited, and the Jewish community is gradually isolated.

Il 12 febbraio 1941 i tedeschi esigono che i cittadini ebrei piú illustri formino il 'Consiglio ebreo' (Joodse Raad) per rappresentare tutti gli ebrei. La richiesta é accettata nella speranza di evitare il peggio. Gli invasori usano il Consiglio ebreo come uno strumento per l'esecuzione dei loro ordini. Un po' alla volta i diritti degli ebrei sono limitati e la comunità israelitica é gradualmente isolata.

150 A grocery store: 'Jews not allowed'.
151 By February 1943 most of the shops in the Jewish ghetto are already closed.

150 Una drogheria: 'Agli ebrei non è permesso entrare'.
151 Entro il febbraio del 1943 la maggior parte dei negozi del ghetto ebreo ha già chiuso.

150

151

152 Identification cards of Jews are stamped with a 'J'. Summer 1941.
153 A swimming pool: 'Jews not allowed'.

152 Sulle carte d'identità degli ebrei viene stampata una J (per 'Jood', ebreo). Estate del 1941.
153 Una piscina: 'Agli ebrei non è permesso entrare'.

152

153

155

154 Jewish teenagers at Transvaal Square, Amsterdam. Spring 1942. Many Jewish workers lived in the Transvaal quarter.
155 Jewish artists fired from their jobs advertise their availability to give concerts or performances, which are allowed in Jewish households only.
156 Amsterdam, 1942. Mr. and Mrs. Peereboom. The sign reads: 'Stars Sold Out.'

154 Ragazzi ebrei sulla piazza Transvaal nella primavera del 1942. In quel quartiere abitavano molti lavoratori ebrei.
155 Gli artisti ebrei che hanno perso il loro lavoro, fanno pubblicitá per dare concerti o spettacoli. Queste attivitá si possono svolgere esclusivamente nelle case degli ebrei.
156 Il signor e la signora Peereboom ad Amsterdam nel 1942. La scritta sul cartello é 'Tutte le stelle esaurite'.

154

156

Only a tiny minority of the Dutch population actively resists the Nazis. Although most Dutchmen are anti-German or become that way once they are confronted with shortages and terror, they do not automatically choose to join the Resistance. Many factors immobilize them: fear, a fundamental rejection of civil disobedience, and religious principles based on the need to obey any government in power. But mostly the (false) choice between fascism and communism immobilizes the Dutch.

For those who do resist, political and religious differences hamper the coordination of the Resistance, especially in the first year of the occupation. There is no preparation for the occupation, let alone a tradition of resistance among the Dutch. The first acts of resistance are mostly symbolic. In 1942 and 1943 a more efficient resistance movement develops.

94

Soltanto una esigua minoranza della popolazione olandese resiste attivamente ai nazisti.

Sebbene la maggioranza degli olandesi sia antitedesca o lo diventi una volta messa di fronte alla miseria ed al terrore, ció non significa che la scelta di lavorare per la resistenza avvenga automaticamente. Diversi sono i fattori che immobilizzano gli olandesi: la paura, un fondamentale rifiuto della disobbedienza civile, principi religiosi radicati che impongono l'obbedienza a qualsiasi governo in carica, ma soprattutto ció che i nazisti con raffinatezza rappresentano come una scelta obbligata, ed ovviamente falsa, tra il fascismo ed il comunismo (bolscevismo).

Per coloro che comunque decidono di resistere, le differenze politiche e religiose rendono difficile la cooperazione, soprattutto nei primi anni della resistenza. Non c'é tradizione di resistenza né preparazione all'occupazione. Inizialmente le azioni della resistenza sono per la maggior parte spontanee e simboliche. Piú tardi, tra il 1942 ed il 1943, il movimento si sviluppa in modo piú efficiente.

157

158

157, 158, 159 *An important activity of the Dutch resistance is the underground press. People listen to the Allied Radio stations, and the news is spread by underground stenciled or printed bulletins. About 30,000 people are involved in this activity.*

157, 158, 159 *Un'attività importante della resistenza olandese è la stampa clandestina. La gente ascolta le stazioni della radio degli Alleati e le notizie sono diffuse per mezzo di ciclostili clandestini o bollettini stampati. Circa 30.000 persone sono impegnate in questa attività.*

54, 55 *THE BEGINNING OF THE DEPORTATIONS: GOING INTO HIDING, BETRAYAL AND RESISTANCE*

54, 55 *L'INIZIO DELLE DEPORTAZIONI: CLANDESTINITÁ, TRADIMENTO E RESISTENZA*

Starting in January 1942 unemployed Jewish men are called upon to report for work in eastern Holland. Next, not only men, but entire families are summoned to go to Westerbork, a camp that serves as a collection point. From there they are deported, beginning in July 1942, to what were called 'labor camps in the East'.
The Jewish Council is pressured to deliver the required numbers for transportation to Westerbork. When the quotas are not met Jews are arrested at random. Thousands of Jews decide not to go and try to hide, although it is difficult to find a hiding place.

A partire dal gennaio 1942 gli ebrei disoccupati devono essere a disposizione per lavorare nella provincia di Drente, nell'est dei Paesi Bassi. Piú tardi non solo gli uomini ma intere famiglie sono chiamate al campo di smistamento di Westerbork. Da lá partono i treni per quelli che vengono chiamati 'i campi di lavoro in Germania'.
Il Consiglio ebreo é messo sotto pressione affinché consegni il numero prescritto per le deportazioni a Westerbork. Quando non viene raggiunto il numero stabilito, gli ebrei sono arrestati a caso. Migliaia di ebrei decidono di non presentarsi e cercano di nascondersi, anche se é difficile trovare un nascondiglio.

160 *Where to hide? Only a few Jews can find a hiding place. Here, Jewish children hide at a farm of the Boogaard family.*
161 *During the entire month of August 1942 the razzias continue.*

160 *Nascondersi, ma dove? Solo alcuni ebrei riescono a trovare un nascondiglio. Nella foto, bambini ebrei vivono clandestinamente in una fattoria della famiglia Boogaard.*
161 *Per tutto il mese di agosto del 1942 le retate continuano.*

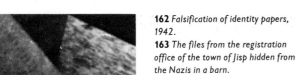

162 Falsification of identity papers, 1942.
163 The files from the registration office of the town of Jisp hidden from the Nazis in a barn.
164 The registration office, where vital statistics of the population are kept, is demolished by a resistance group. Amsterdam.

162 La falsificazione delle carte d'identità, 1942.
163 I documenti dell'Ufficio del Registro della città di Jisp nascosti in un granaio.
164 L'ufficio del registro, dove si trovano statistiche di vitale importanza sulla popolazione, è demolito da un gruppo della resistenza. Amsterdam.

163

162

164

100

During 1941 the number of anti-Jewish measures increases, and the Franks start preparing to go into hiding. Thanks to the cooperation of his staff (Mr. Kraler, Mr. Koophuis, Miep Gies and Elli Vossen), Otto Frank is able to secretly prepare a hiding place for his family and the Van Daans (Mr. van Daan works with Otto Frank's company). On July 5, 1942, Margot Frank receives the notorious call to report to a 'labor camp.' The next day the Frank family moves into the 'Secret Annex.' One week later Mr. and Mrs. Van Daan and their son Peter join them, followed by Mr. Dussel.

The experiences of the people in hiding and their everyday life have been described by Anne Frank in her diary. She received this diary from her father on her 13th birthday, June 12, 1942.

Durante il 1941 i provvedimenti contro gli ebrei aumentano. Comincia per la famiglia Frank un periodo di preparazione: devono essere pronti a nascondersi. Con la collaborazione dei suoi impiegati, del signor Kraler, Koophuis, Miep Gies ed Elli Vossen, Otto Frank é in grado di preparare in segreto un nascondiglio per la sua famiglia e per la famiglia Van Daan (il signor Van Daan lavora nella ditta di Otto Frank).

'E il 5 luglio 1942: Margot Frank riceve la comunicazione, ormai tristemente famosa, di presentarsi ad un 'campo di lavoro'. Il giorno dopo la famiglia Frank si trasferisce nell' alloggio segreto. Una settimana più tardi si uniscono a loro il signor e la signora Van Daan con il figlio Peter; per ultimo li raggiunge Dussel.

Le esperienze dei clandestini e la loro vita quotidiana sono stati descritti da Anne nel suo diario. Anne ha ricevuto il diario dal padre come regalo per il suo tredicesimo compleanno il 12 giugno 1942.

166

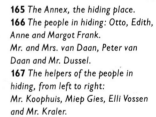

165 The Annex, the hiding place.
166 The people in hiding: Otto, Edith,
Anne and Margot Frank.
Mr. and Mrs. van Daan, Peter van
Daan and Mr. Dussel.
167 The helpers of the people in
hiding, from left to right:
Mr. Koophuis, Miep Gies, Elli Vossen
and Mr. Kraler.

165 Il 'nascondiglio segreto'.
166 I clandestini: Otto, Edith, Anne e
Margot Frank. Il signor e la signora
Van Daan, Peter van Daan. Il signor
Dussel.
167 Coloro che aiutarono i
clandestini, nella foto da sinistra a
destra: il signor Koophuis, Miep Gies,
Elli Vossen ed il signor Kraler.

167

168 *Anne Frank's room.* 'Our little room looked very bare at first with nothing on the walls; but thanks to Daddy who had brought my film star collection and picture postcards on beforehand, and with the aid of paste pot and brush, I have transformed the walls into one gigantic picture. This makes it look much more cheerful.' *(Anne writing in her diary, July 11, 1942).*

169 'The entrance to our hiding place has now been properly concealed. Mr. Kraler thought it would be better to put a cupboard in front of our door (because a lot of houses are being searched for hidden bicycles), but of course it had to be a movable cupboard that can open like a door. Mr. Vossen made the whole thing.' *(Anne writing in her diary on August 21, 1942.) The picture shows Mr. Koophuis next to the bookcase.*

170 *The attic of the Annex, where Anne wrote her diary most of the time.*

168 *La stanza di Anne Frank.* 'La nostra cameretta, coi suoi muri nudi, era assai disadorna; grazie al babbo che fin da prima aveva portato qui la mia collezione di stelle del cinema e di cartoline illustrate ho trasformato la stanza, dopo aver spennellato di colla le pareti, in una fitta mostra di figurine. Così ha l'aria molto più allegra, ...' *(Anne scrive nel suo diario l' 11 luglio 1942)*

169 '...il nostro rifugio é ora divenuto un vero nascondiglio. Il signor Kraler ha infatti creduto opportuno di collocare uno scaffale dinanzi alla nostra porta d'ingresso (stanno facendo molte perquisizioni per scovare biciclette nascoste), ma naturalmente si tratta di uno scaffale girevole che si apre come una porta.' *(Anne scrive nel suo diario. Venerdì, 21 agosto 1942).* La foto mostra il signor Koophuis accanto alla libreria.

170 *L'attico del nascondiglio in cui Anne scrisse la maggior parte del suo diario.*

168

169

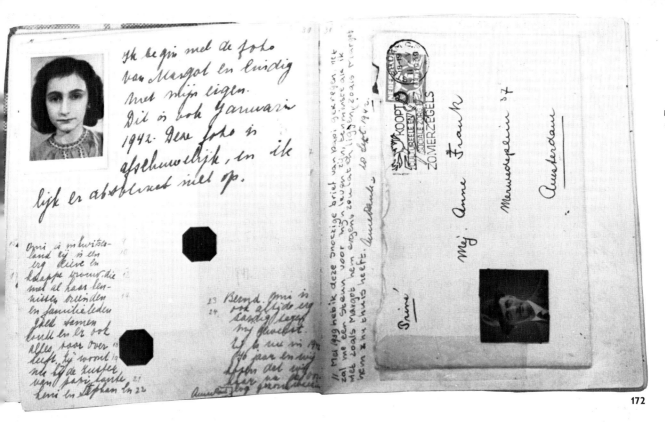

171 View of the Prinsengracht, Westerkerk and the Annex. 'Daddy, Mummy, and Margot can't get used to the sound of the Westertoren clock yet, which tells us the time every quarter of an hour. I can. I loved it from the start, and especially in the night it's like a faithful friend.' (Anne writing in her diary on July 11, 1942.)

172 Page from Anne's first diary.

173 'Believe me, if you have been shut up for a year and a half, it can get too much for you some days. In spite of all justice and thankfulness, you can't crush your feelings. Cycling, dancing, whistling, looking out into the world, feeling young, to know that I'm free – that's what I long for; still, I mustn't show it, because I sometimes think if all eight of us begin to pity ourselves, or went about with discontented faces, where would it lead us?' (Anne writing in her diary, December 24, 1943)

171 Una vista del Prinsengracht, della Westerkerk e del nascondiglio: '…papá, mamma e Margot non riescono ancora ad abituarsi alla campana della Westertor, che rintocca ogni quarto d'ora. Io invece la trovo molto gradevole, e soprattutto di notte quel suono è per me come un amico fedele.' (Anne scrive nel suo diario l' 11 luglio 1942).

172 Una pagina dal primo diario di Anne.

173 'Credimi, quando sei stata rinchiusa per un anno e mezzo, ti càpitano dei giorni in cui non ne puoi più. Sarò forse ingiusta e ingrata, ma i sentimenti non si possono reprimere. Vorrei andare in bicicletta, ballare, fischiettare, guardare il mondo, sentirmi giovane, sapere che sono libera, eppure non devo farlo notare perchè, pensa un po', se tutti e otto ci mettessimo a lagnarci e a far la faccia scontenta, dove andremmo a finire?' (Venerdì, 24 dicembre 1943).

60 TIGHTENING OF THE REPRESSION AND RESISTANCE

60 L'IRRIGIDIMENTO DELLA REPRESSIONE E LA RESISTENZA

In the autumn of 1942 the German military loses ground. Allied advances in North Africa, the Soviet counterattack and the fall of Mussolini stimulate the Resistance. But simultaneously repression for the remaining Dutchmen is increased.
In September 1944 among the non-Jewish population 250,000 are in hiding; 12,500 are prisoners of war; 7,000, political prisoners; and 300,000, forced laborers. Aside from those groups, about 900,000 people are forced to leave their homes and move. The total population in Holland then is about nine million. Starting in the summer of 1944, many resistance fighters are summarily shot. Hundreds of others are executed in retaliation for acts of resistance.

Nell'autunno del 1942 l'esercito tedesco perde terreno. L'avanzata degli alleati in Africa del Nord, il contrattacco russo e la caduta di Mussolini stimolano la resistenza. Ma allo stesso tempo la repressione per il resto della popolazione olandese diventa ancor più dura. Nel settembre del 1944, tra la popolazione non ebrea, 250.000 sono i clandestini, 12.500 sono i prigionieri di guerra, 7.000 sono prigionieri politici e 300.000 sono costretti a lavorare per i tedeschi. Oltre a questi, circa 900.000 persone sono state costrette a lasciare le loro case ed a spostarsi. La popolazione totale olandese si aggirava in quel tempo intorno ai nove milioni. A partire dall'estate del 1944, molti combattenti della resistenza sono fucilati dopo processi sommari. Centinaia di altri sono giustiziati per rappresaglia contro azioni della resistenza.

176

174 *The liquidation of a traitor. Resistance groups have emotional discussions whether one has the right to execute traitors.*
175 *In 1943 and 1944 tens of thousands of men are sent to Germany to work.*
176 *Many men and young adults go into hiding, mostly on farms, to escape being forced to work in Germany.*

174 *Esecuzione. I gruppi della resistenza hanno spesso problemi e dubbi che riguardano, per esempio, la liquidazione dei traditori.*
175 *Nel 1943 e nel 1944 decine di migliaia di uomini sono costretti a lavorare in Germania.*
176 *Molti uomini e molti giovani si nascondono, per la maggior parte in fattorie, per non dover lavorare in Germania.*

175

177 During a football match the German police arrest men and send them to work in Germany. February 1944.
178 Executed resistance fighters.
179 In September 1944 the Dutch Railway workers go on strike. German trains are attacked by sabotage groups.

177 Durante una partita di calcio, il 27 febbraio 1944, i tedeschi fanno una retata per arrestare gli uomini e mandarli a lavorare in Germania.
178 Combattenti della resistenza giustiziati.
179 Nel settembre del 1944 gli addetti alla Ferrovia Olandese sono in sciopero. I treni per la Germania sono colpiti da gruppi di sabotatori.

177

178

110

Most razzias and transportations to the camps occur at night. In Amsterdam most Jews are first brought to the Jewish Theater and then on to Westerbork. The majority stay there several weeks, some more than a year.

In 1943 one transport follows another until the camp is full and life becomes unbearable. Westerbork, however, is not a final destination. Rather, it is a collection point to transport the Jews to the extermination camps.

Gran parte delle retate e delle deportazioni ai campi avvengono di notte. Ad Amsterdam la maggior parte degli ebrei viene prima condotta al Teatro ebreo e quindi a Westerbork.

La maggior parte rimane lí per parecchie settimane, alcuni piú di un anno. Nel 1943, un carico segue l'altro finché il campo é pieno e la vita diventa insopportabile. Westerbork, comunque, non è la destinazione definitiva. Piuttosto é un centro di raccolta da cui gli ebrei vengono trasportati ai campi di sterminio.

180

180 Waiting for the departure to Westerbork. Amsterdam, May 26, 1943. The photographs were taken for an SS-magazine.
181 Departure from Amsterdam's Muiderpoort Station to Westerbork.
182 Westerbork, the Dutch transit camp.

180 Amsterdam, 26 maggio 1943: in attesa di partire per Westerbork, il campo olandese di passaggio. Queste foto sono prese da una rivista delle SS.
181 Partenza dalla stazione di Muiderpoort ad Amsterdam per Westerbork.
182 Westerbork, il campo olandese di passaggio.

62, 63 ENDLÖSUNG ('THE FINAL SOLUTION')

When Germany marches through Eastern Europe, the army is
followed by SS special units (Einsatzgruppen) that start the mass
execution of Jews. More than one million Jews are shot. In 1941 the
decision is made 'to make Europe clean of Jews.' During the
Wannsee Conference in January 1942 plans are made to annihilate
the 11 million European Jews.
The plans become known as the Endlösung, the 'Final Solution of
the Jewish Question'. Extermination and labor camps are built.
A large number of the deported Jews – mostly the elderly, mothers
and children – are gassed upon arrival. The others must work a
couple of months until they die of exhaustion. In this way nearly six
million Jews are killed. In addition to the Jews, countless others die
in concentration camps: political opponents, homosexuals,
Jehovah's Witnesses, 'anti-social elements', Russian prisoners of war
and at least 220,000 gypsies.

62, 63 ENDLÖSUNG ('LA SOLUZIONE FINALE')

Quando la Germania marcia attraverso l'Europa orientale, l'esercito
é seguito da speciali unitá delle SS (Einsatz Gruppen) che iniziano lo
sterminio di massa degli ebrei. Piú di un milione di ebrei sono
fucilati. Nel 1941 i nazisti decidono di 'liberare l'Europa dagli ebrei'.
Durante la conferenza di Wannsee del gennaio 1942 un gruppo di
capi nazisti pianifica l'eliminazione di undici milioni di ebrei europei.
I piani sono noti con il nome di Endlösung, 'la soluzione finale della
questione ebrea'. Campi di sterminio e campi di lavoro sono costruiti.
Un gran numero di ebrei deportati – per la maggior parte vecchi,
madri e bambini – sono uccisi con il gas all'arrivo. Gli altri devono
lavorare un paio di mesi finché muoiono di esaurimento. In questo
modo circa sei milioni di ebrei sono uccisi. Oltre agli ebrei,
innumerevoli altri muoiono nei campi di concentramento: avversari
politici, omosessuali, Testimoni di Geova, 'elementi antisociali',
prigionieri russi di guerra ed almeno 220.000 zingari.

112

183 *Dutch Jews departing from Westerbork for Auschwitz.*
184 *Jews in Eastern Europe are rounded up by special command groups ('Einsatzgruppen') and murdered.*

183 *Ebrei olandesi in partenza da Westerbork per Auschwitz.*
184 *Gli Ebrei nell'Europa dell'est sono radunati da speciali commandi, 'Einsatzgruppen', ed assassinati.*

184

185

186

187

185 Upon arrival in Auschwitz Jews
are divided into two groups: those
who can still work and those who are
to be exterminated immediately.
186 The IG Farben Co. operates an
enormous factory near Auschwitz.
The death toll among the forced
laborers at this site is extremely high.
187 Those not immediately killed
have a number tatooed on their arm.
This gypsy woman is one of the few
survivors.
188 Guards at Dachau.

185 Al loro arrivo ad Auschwitz gli
ebrei sono divisi in due gruppi: quelli
che possono ancora lavorare e quelli
che devono essere sterminati
immediatamente. Coloro che devono
lavorare di solito sopravvivono solo
poche settimane.
186 La ditta IG Farben ha un enorme
fabbrico vicino ad Auschwitz. Il tasso
di mortalitá tra coloro che vi lavorano
é altissimo.
187 Quelli che non saranno
immediatamente uccisi hanno un
numero tatuato sul braccio. Questa
zingara é tra i pochi superstiti.
188 Guardie a Dachau.

188

116 On August 4, 1944, the German police make a raid on the 'Secret Annex.' All the occupants are arrested and sent to concentration camps.

Il 4 agosto 1944 la polizia tedesca compie un'irruzione nell' 'alloggio segreto'. Tutti gli occupanti sono arrestati e mandati ai campi di concentramento.

189

189 *The train from Westerbork to Auschwitz.*
190 *A list of deportees on the last train from Westerbork to Auschwitz contains the names of the Frank family. Mrs. Edith Frank-Holländer is killed by the hardships of Auschwitz. Mr. Van Daan dies in the gaschamber. Peter van Daan is taken by the SS when the concentration camp was abandoned because of the approach of the Russian army. He dies in Mauthausen. Mr. Dussel dies in the Neuengamme concentration camp.*

At the end of October Margot and Anne are transported back into Germany, to Bergen-Belsen. Both of them contract typhus. They die in March 1945. Mrs. van Daan also dies in Bergen-Belsen. Otto Frank is liberated by the Russian troops at Auschwitz.

189 *Scritta sul treno che da Westerbork va ad Auschwitz: "Non staccare i vagoni. Il treno deve essere chiuso prima di tornare a Westerbork."*
190 *I nomi dei membri della famiglia Frank compaiono su una lista di ebrei deportati ad Auschwitz con l'ultimo treno partito da Westerbork. Edith Frank-Holländer muore di stenti ad Auschwitz. Van Daan muore nella camera a gas. Peter van Daan é portato via dalle SS che abbandonano il campo di concentramento quando i*

Russi si avvicinano. Morirá a Mauthausen. Dussel muore nel campo di concentramento di Neuengamme. Alla fine di ottobre Margot ed Anne sono riportate in Germania, nel campo di Bergen Belsen. Lì contraggono il tifo e muoiono entrambe nel marzo 1945. Anche la signora Van Daan si spegne a Bergen Belsen. Otto Frank, l'unico superstite della famiglia, é liberato ad Auschwitz dall'esercito russo.

JUDENTRANSPORT AUS DEN NIEDERLANDEN - LAGER WESTERBORK

Haeftlinge

```
301.✓Engers              Isidor — ✓30.4. 93 — Kaufmann
302.✓ Engers             Leonard    15.6. 20 — Lamdarbeiter
303.✓ Franco             Manfred - ✓1.5.  05 — Verleger
304. Frank               Arthur     22.8. 81   Kaufmann
305. Frank ✕             Isaac    ✓29.11.87   Installateur
306. Frank               Margot     16.2. 26   ohne
307. Frank        ✓      Otto     ✓12.5. 89   Kaufmann
308.✓ Frank-Hollaender   Edith      16.1. 00   ohne
309. Frank               Anneliese 12.6. 29   ohne
310. v.Franck            Sara —     27.4. 02—  Typistin
311. Franken             Rozanna    16.5. 96—  Landarbeiter
312.✓Franken-Weyand      Johanna    24.12.96✓  Landbauer
313. Franken             Hermann — ✓12.5.34    ohne
314. Franken             Louis      10.8. 17—  Gaertner
315. Franken R           Rosalina   29.3. 27   Landbau
316. Frankfort           Alex       14.11.19—  Dr.i.d.Oekonomie
317. Frankfort-Elsas     Regina     11.12.19   Apoth-.Ass.
318. Frankfoort ✕        Elias    ✓22.10.98—  Schneider
319.✓Frankfort R         Max        20.6. 21   Schneider
320.✓Frankfort-Weijl R   Hetty      29.3. 24   Naeherin
321.✓Frankfort-WerkendamRRosette 24.6.98       Schriftstellerin
322.✓Frijda              Hermann    22.6. 87—  Hochschullehrer
323. Frenk               Henriette 28.4. 21   Typistin
324. Frenk R             Rosa       15.3.24    Haushalthilfe
325. Friezer             Isaac      10.3. 20 — Korrespondent
326.✓Fruitman-Vlessche-
            dragerRFanny            24.1. 03   ohne
327. Gans ✕              Elie     ✓24.10.03—  Betriebleiter
328. Gans-Koopman R      Gesina     20.12.05   Maschinestrickerin
329. Gans                Kalman —   6.3.  79   Diamantarbeiter
330. Gans R              Klara      12.5. 13   Naeherin
331. Gans ·              Paul —     27.9. 08 — Landbauer
332. v.Gelder            Abraham —  9.11.78   Metzger
333. v.Gelder-de Jong    Reintje   22.10.81   ohne
334. v.Gelder            Alexander 27.6. 03 — Kaufmann
```

65 D-DAY AND THE LIBERATION OF SOUTHERN HOLLAND

65 D-DAY, 'IL MARTEDÍ FOLLE' E LA LIBERAZIONE DEL SUD DEI PAESI BASSI

In 1944 the Allied Forces gain momentum in Europe. The Germans retreat from Eastern Europe. The liberation of Western Europe begins with D-Day. In one day, June 6, 1944, 156,000 Allied soldiers land in northern France.
Following the successful invasion, rumors about the liberation begin. In Holland on September 5, 1944, known as 'Wild Tuesday,' most people believe the liberation is near. Southern Holland is, in reality, liberated.

Nel corso del 1944 gli Alleati riescono ad aprirsi un varco in Europa. I tedeschi si ritirano dal Fronte orientale mentre all'occidente comincia la liberazione con il D-Day (Decision day, cioé il 'Giorno della decisione'). In un giorno, il 6 giugno 1944, 156.000 soldati alleati sbarcano nel nord della Francia. Dopo il successo dello sbarco si inizia a parlare di liberazione. In Olanda il 5 settembre 1944, noto come 'Dolle Dinsdag', cioé martedí folle, la maggior parte della gente crede che la guerra sia quasi finita, anche a causa delle ottimistiche trasmissioni radio da Londra. Infatti il sud del paese é veramente liberato.

191

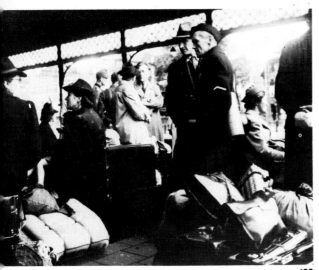

192

193

194

191 D-Day (Decision-Day): American and British troops land in Normandy, France. June 6, 1944.
192 September 5, 1944, known as 'Wild Tuesday'. NSB members hurry to leave Holland. The Hague Railway station.
193 'Wild Tuesday': The village of Rijswijk waits in vain for the Allied troops to come.
194 Allied soldiers hand out chewing gum in the liberated south of Holland.

191 D-Day (il giorno della decisione) è il 6 giugno 1944: le truppe americane e britanniche sbarcano in Normandia, in Francia.
192 Il 5 settembre 1944 é noto come 'Martedí folle'. I membri dell'NSB si affrettano a lasciare l'Olanda. La stazione ferroviaria dell'Aia.
193 Il 'Martedí folle': il villaggio di Rijswijk aspetta invano le truppe alleate.
194 Soldati alleati nel Sud del paese mentre distribuiscono chewing gum.

120

The Dutch Railway halts service in September 1944 because of a railway strike ordered by the Dutch government in exile in London. As a result, the Germans retaliate by forbidding food to be brought to the cities. An enormous shortage follows, worsened by food confiscations by the Germans. When coal and other fuel are not delivered to the cities, the situation becomes critical. Everything that can burn is used for heat. Everything edible is eaten, even tulip bulbs. Thousands of children are sent to the countryside to be fed. About 22,000 people die of hunger. Tens of thousands are seriously ill. Meanwhile, the Germans take anything of value to Germany: bicycles, machines, factory equipment, streetcars and cattle, for example.

Nel settembre 1944, ascoltando l'appello del governo olandese in esilio a Londra, le Ferrovie olandesi si fermano per uno sciopero. Per rappresaglia i tedeschi impediscono che il cibo sia portato alle grandi città. Ne risulta una grandissima penuria di viveri, peggiorata dal fatto che i tedeschi confiscano il cibo. Quando il carbone e gli altri combustibili non sono consegnati alle città, la situazione diventa veramente difficile. Qualsiasi cosa si possa bruciare viene usata per riscaldarsi. Tutto ciò che é commestibile viene mangiato, perfino i bulbi dei tulipani. Migliaia di bambini sono mandati in campagna per essere nutriti. Circa 22.000 persone muoiono di fame. Decine di migliaia sono seriamente ammalate. Nel frattempo i tedeschi portano in Germania tutto ciò che ha valore: biciclette, macchine, macchinario industriale, trams, mucche.

196

197

195 Children remove an old door for firewood.
196 People burn wood from their own houses for fuel.
197 Hungry children.
198 In the countryside thousands of people try to exchange goods for food.

195 Dei bambini rimuovono una vecchia porta per bruciarla.
196 La gente dá fuoco perfino al legno delle proprie case.
197 Bambini affamati.
198 Nelle campagne migliaia di persone cercano di barattare i loro averi in cambio di cibo.

198

67 THE STARVING ENDS AS HOLLAND IS LIBERATED

67 LA FAME FINISCE QUANDO L'OLANDA É LIBERATA

In April 1945 British planes drop food over starving Holland, allowing many thousands to survive. The announcement is made over British radio.

A few weeks later the war is over. The remainder of Holland is liberated by the Allied Forces. Festivities are organized throughout the country. At the same time the Nazis and their collaborators are arrested. Over 75% of the Dutch Jews – more than 100,000 people – are killed during the war. Of 24,000 Jews who found a hiding place, 16,000 survive.

Nell'aprile del 1945 agli inglesi é consentito lasciar cadere pacchi di cibo sull'Olanda affamata. Questi lanci salvano la vita a molti. L'annuncio é fatto attraverso la radio inglese. Poche settimane dopo la guerra é finita. Il resto dell'Olanda é liberato dagli Alleati. Si festeggia in tutto il paese. Nel frattempo i nazisti ed i loro collaboratori sono arrestati. Piú del 75% degli ebrei olandesi, vale a dire piú di centomila persone, sono stati uccisi durante la guerra. Dei 24.000 ebrei che riuscirono a trovare un nascondiglio, 16.000 sopravvissero.

199 *British bombers loaded with parcels of food above Rotterdam. April 30, 1945.*
200 *Liberation festivities in Amsterdam's Red Light District.*

199 *I bombardieri britannici volano su Rotterdam il 30 aprile 1945 carichi di pacchi di viveri.*
200 *Feste per la liberazione nella zona a 'Luci rosse' di Amsterdam.*

On May 8, 1945, the German Army surrenders unconditionally. During the last months of the war German cities are so heavily bombed that little remains. Hitler and Goebbels commit suicide. Many Nazis are arrested. The Soviet, American and other Allied troops work closely to defeat Nazi Germany.

Although the liberation comes too late for millions, many in prisons and concentration camps can be saved.

Germany is brought under joint Allied authority.

L'8 maggio 1945 l'esercito tedesco si arrende senza condizioni. Durante gli ultimi mesi di guerra le città tedesche sono state cosí pesantemente bombardate che ben poco rimane. Hitler e Goebbels si sono suicidati. Molti nazisti sono arrestati. I russi, gli americani e gli altri eserciti alleati collaborano strettamente al fine di sconfiggere la Germania nazista.

Sebbene la liberazione arrivi troppo tardi per milioni di persone, molti altri che sono in prigione o nei campi di concentramento possono essere salvati.

La Germania é posta sotto il controllo delle Forze alleate.

201

201 In the German countryside Americans say hello to Russians.
202 Soviet and US-troops meet at the Elbe river in Germany.
203 Frankfurt.
204 Jewish survivors, liberated from Theresiënstadt, return to Frankfurt.
205 Some very young boys, members of the 'Volkssturm', are among the arrested soldiers.

201 Nella campagna tedesca gli americani salutano i soldati russi.
202 Le truppe sovietiche ed americane si incontrano al fiume Elba in Germania.
203 La cittá di Francoforte distrutta.
204 Superstiti ebrei liberati dal campo di concentramento Theresiënstadt ritornano a Francoforte.
205 Alcuni ragazzi giovanissimi, mebri della 'Volkssturm', sono tra i soldati arrestati.

203

202

204

205

69 LIBERATION OF THE CONCENTRATION CAMPS

69 LA LIBERAZIONE DEI CAMPI DI CONCENTRAMENTO

The Allied advance into Germany influences the situation at the concentration camps. In January 1945 the Nazis clear the camps by forcing prisoners to walk hundreds of miles through snow and rain. Thousands die.

What the Allied Forces find when they finally arrive at the concentration camps is indescribable. For the survivors, a difficult journey home begins. For many of them the homecoming is a bitter disappointment. Most have lost friends and family. Houses are occupied. Property is stolen. Many survivors encounter disbelief and ignorance about their experiences in the camps. Only 4,700 Jewish survivors return to Holland from the camps.

L'avanzata degli Alleati influenza la situazione dei campi di concentramento; nel gennaio del 1945 i nazisti abbandonano i campi costringendo i prigionieri a camminare per centinaia di miglia nella neve e nella pioggia. Muoiono a migliaia.

Ció che le Forze alleate trovano quando alla fine giungono ai campi di concentramento é indescrivibile. Per i superstiti inizia un difficile viaggio a casa. Per tanti di loro il ritorno é un'amara delusione. Molti hanno perduto famiglia ed amici. Le loro case sono occupate ed i loro beni sono rubati. Molti sopravvissuti incontrano incredulitá ed ignoranza riguardo alle loro esperienze nei campi di concentramento. Solo 4.700 superstiti ebrei ritornano in Olanda dai campi.

207

206 The liberation of Dachau.
207 After the liberation of Bergen-Belsen, the camp where Anne and Margot Frank died, the barracks are set afire to radically desinfect the places of contamination with typhoid fever.
208 Temporary repatriation camps are set up in hotels and schools.

206 La liberazione di Dachau.
207 Dopo la liberazione di Bergen-Belsen, il campo dove Anne e Margot morirono, le baracche furono incendiate per disinfettare radicalmente i luoghi del contagio del tifo.
208 Scuole, hotels, etc. diventano temporanei campi di smistamento per i superstiti.

128

The first photographs of the concentration camps cause a tremendous shock everywhere – how could a thing like this happen?
Twenty-two of the most important Nazi leaders are tried by the International Tribunal in Nuremberg in 1946. New legal principles are drafted there to prevent similar atrocities in the future. Another important document is the 'Universal Declaration of Human Rights,' adopted in 1948 by the United Nations, which was founded in 1945.

Le prime fotografie dei campi di concentramento causano un tremendo shock ovunque – come poteva essere accaduta una cosa del genere?
Ventidue tra i principali capi nazisti sono processati dal Tribunale Internazionale di Norimberga nel 1946. Nuovi principi legali sono creati in quella sede per prevenire che simili atrocitá accadano ancora. Un altro importante documento é la 'Dichiarazione universale dei diritti umani', adottato nel 1948 dalle Nazioni Unite che furono fondate nel 1945.

209 *During the International Tribunal. Nuremberg, 1946.*
210 *Bergen-Belsen.*

209 *Durante le udienze del Tribunale Internazionale di Norimberga nel 1946.*
210 *Bergen-Belsen.*

210

Upon his return to Amsterdam, Otto Frank realizes he is the only survivor of his family. Soon thereafter, Miep Gies gives Anne's papers and writings to him. After the people in hiding had been taken away, the helpers returned to the Annex and took as much as possible before the Annex was cleared. Miep had kept Anne's papers during that time. Friends persuade Otto Frank to publish Anne's diary. 'The Diary of Anne Frank' appears in 1947 under the title 'Het Achterhuis' (The Annex). To date, more than 50 different editions have appeared, and more than 20 million copies have been sold. The house where Anne and the others lived in hiding is now a museum, operated by the Anne Frank Foundation, which was founded in 1957. Apart from the preservation of the Annex, the Foundation tries to stimulate the fight against anti-Semitism, racism and fascism with information and educational projects.

Al suo ritorno ad Amsterdam, Otto Frank comprende di essere l'unico superstite della sua famiglia. Subito dopo Miep Gies gli dá le carte e gli scritti di Anne. Dopo che i clandestini sono stati portati via, coloro che li avevano aiutati ritornano all' 'alloggio segreto' e prendono con sé tutto quello che possono prima che l' 'alloggio segreto' sia svuotato. Miep tiene le carte di Anne per quel periodo. Amici convincono Otto Frank a pubblicare il diario di Anne. 'Il diario di Anna Frank' appare nel 1947 con il titolo 'Het Achterhuis' ('L'alloggio segreto'). Finora piú di cinquanta diverse edizioni sono state pubblicate e piú di 20 milioni di copie sono state vendute. La casa dove Anne e gli altri vissero in clandestinitá é oggi un museo, diretto dalla Fondazione Anne Frank, che é stata fondata nel 1957. Oltre alla conservazione dell' 'alloggio segreto', la Fondazione cerca di stimolare la lotta contro l'antisemitismo, il razzismo ed il fascismo con informazioni e programmi educativi.

211 *Otto Frank remarries in Amsterdam. His new wife is Elfriede Markovits. November 10, 1953. He dies in August 1980, at the age of 91.*
212 *Advertisement from the Dutch newspaper 'Het Vrije Volk' (The Free People). August 1, 1945. Otto Frank is looking for his daughters Margot and Anne.*
213 *Miep Gies (left) and her husband Jan show British schoolchildren from Manchester the hiding-place of the Frank family. The children were prizewinners of a drawing competition about discrimination. May 1987.*
214 *Cover of the first Dutch edition of Anne's diary.*

INLICHTINGEN GEVRAAGD OMTRENT

10 Juni '44 naar Amersfoort tot Oct. '44 en vermoedelijk naar Buchenwalde of Neuengamme vervoerd. A. BOSCH, Soembawastr. 49 hs. of mevr. L. GERRITSEN—STRAALMAN, Jan Steenstr. 27, Deventer.
LOUIS VOORSANGER, geb. 5-12-'85, vertrokk. Westerbork 18 Mei '43 n. Duitsland. E. Auerhaan, Pieter Aertszstr. 119 III.
IRMA SPIELMANN, geb. 10-4-'94 Wenen, Tsj. Slow. nation. Weggevoerd Westerborg 23-3-'43. Wie weet iets van dit transport? Spielmann, Scheldestr. 181 III, Zuid.
MARGOT FRANK (19 j.) en ANNA FRANK (16 j.), in Jan. op transp. vanuit Bergen-Belzen. O. Frank, Prinsengracht 263, tel. 37059.
Mijn man ALFRED v. GELDEREN (Oct. 1942 uit Westerb.) en kinderen DORA ROSA en FREDERIK MARTHIJN (24-7-1942 uit Westerb.) Marianne v. Gelderen—Engelander, Jozef Israëlkade 126 II.
FRANCISCUS JOHANNES MAAS geb. 19-10-'23, werkz. bij Machinefabriek Winger en Co. Waltersdorf Kreis Zittau Saksen Duitsland. Inl. gevr. van hen, die hem na 16 Sept. 1944 hebben gezien. J. Ch.

212

ANNE FRANK

Het Achterhuis

DAGBOEKBRIEVEN VAN 14 JUNI 1942 - 1 AUGUSTUS 1944

214

211 *Il 10 novembre 1953 ad Amsterdam Otto Frank si risposa con Elfriede Markovits. Otto Frank muore nell'agosto del 1980, all'età di 91 anni. Amsterdam.*
212 *Un annuncio sul giornale olandese 'Het Vrije Volk' (Il popolo libero) del 1 agosto 1945. Otto Frank sta cercando le figlie Margot ed Anne.*
213 *Miep Gies (a sinistra) con il marito Jan mostra a degli scolari britannici di Manchester il nascondiglio della famiglia Frank. I bambini avevano vinto una gara di disegno il cui tema era la discriminazione. Maggio 1987.*
214 *Copertina della prima edizione olandese del diario di Anne Frank.*

The systematic murder of millions of Jews and others is an unprecedented crime in the history of mankind. More than forty years after the liberation, however, the question asked more often is, whether this period still deserves so much attention. 'We have now remembered enough ... One should forgive and forget', can be heard.

The Anne Frank Centre finds it necessary to inform younger generations about the period 1933-1945, and states that remembering can help to prevent it ever to happen again.

In Germany and Austria a tendency can be found to equalize all the dead from the Secon World War – Waffen-SS soldiers and victims of Allied bombings, as well as victims of the concentration camps.

In the countries that were occupied by the Nazis the collaboration is often a forgotten chapter in the history books. The same goes for the indifference toward the persecution of Jews, gypsies, homosexuals and others. A general problem arises with comparisons between Nazi crimes and any other form of oppression and mass murder. The word 'Holocaust' is often used for anything with which one does not agree. The danger is that in this way the Shoah is reduced to just another black page from history.

L'assassinio sistematico di milioni di ebrei ed altri é un abisso mai prima raggiunto nella storia del genere umano. Comunque, piú di quarant'anni dopo la liberazione, ci si chiede sempre piú spesso se questo periodo ancora meriti tanta attenzione. 'Abbiamo ricordato abbastanza', 'Si dovrebbe dimenticare e perdonare', si sente dire.

La Fondazione Anne Frank ritiene necessario informare le generazioni piú giovani sul periodo tra il 1933 ed il 1945, ed afferma che ricordare é un dovere morale verso le vittime, affinché non accada ancora.

Nella Germania ed in Austria si tende a considerare uguali tutte le vittime della Seconda Guerra Mondiale: le vittime dei bombardamenti degli Alleati e i soldati delle Waffen-SS tanto quanto le vittime della persecuzione e della Resistenza.

Nei paesi occupati dai nazisti il collaborazionismo é un capitolo spesso dimenticato nei libri di storia. Lo stesso vale per l'indifferenza verso la persecuzione degli ebrei, degli zingari, degli omosessuali e di altri.

Un problema generale sorge dal confronto tra i crimini nazisti e molte altre forme di oppressione e di sterminio di massa, come dall'uso della parola 'Olocausto' per qualsiasi cosa con cui non si é d'accordo. Il pericolo é che la Shoah (lo sterminio) sia ridotta ad un'altra qualsiasi pagina nera della storia.

215 *The first monument to commemorate the murder of thousands of homosexuals by the Nazis, was built in Amsterdam, 1987.*
216 *During the commemoration of the 40th anniversary of the liberation, chancellor Kohl (left) and president Reagan (second from right) pay a controversial visit to both the concentration camp Bergen-Belsen and a cemetery of soldiers in Bitburg. May 1985.*
217 *Demonstrators against Reagans visit to Bitburg. The equation of SS men and concentration camp victims arouses international protests. 'Why, Mr. President, are you visiting a cemetery where members of the SS are buried?'*
218 *Often activists try to add weigh to their argument by comparing the case they fight with the Holocaust. Here the anti-abortion movement in the United States. 'Abortion – Auschwitz. The American Holocaust'.*

215

216

217

215 *Il primo monumento per commemorare l'assassinio di migliaia di omosessuali fu eretto ad Amsterdam nel 1987.*

216 *Durante la commemorazione dei quarant'anni della liberazione il Cancelliere Kohl (a sinistra) ed il presidente Reagan (il secondo a destra) visitano, e ciò sarà motivo di controversie, sia il campo di concentramento di Bergen-Belsen che il cimitero dei soldati a Bitburg nel maggio 1985.*

217 *Dimostranti protestano contro la visita di Reagan a Bitburg. Il paragone tra uomini delle SS e vittime dei campi di concentramento fece sorgere proteste internazionali. 'Perché, signor Presidente, visita un cimitero in cui sono sepolti i membri delle SS?'*

218 *Spesso gli attivisti, nel tentativo di dare maggior forza alla loro lotta, confrontano il caso impropriamente con l'Olocausto. Qui il movimento antiaborto americano negli Stati Uniti. 'Aborto – Auschwitz. L'Olocausto americano'.*

218

134

There are still small groups denying the Nazi's mass murders. They call the Nazi crimes 'The hoax of the 20th century', and in this way try to rehabilitate and excuse National Socialism.

Esistono ancora dei piccoli gruppi che negano la strage compiuta dai nazisti. Chiamano i crimini nazisti 'la beffa del secolo', cercando in tal modo di riabilitare il Nazionalsocialismo.

219 The defaced barrack of the former Flossenbürg concentration camp, April 1983: 'Wiesenthal is a Jewish liar, down with the concentration camp lies.'

219 Le baracche del vecchio campo di concentramento di Flossenbürg, aprile 1983: 'Wiesenthal é un ebreo bugiardo. Basta con le menzogne sui campi di concentramento'.

220 Neo-Nazi publication by Richard Verrall of the National Front: "Holocaust story an evil hoax." London, 1987.

220 Pubblicazione neonazista 'Holocaust News' (Notizie dell'Olocausto) di Richard Verall del National Front: "La storia dell'Olocausto, una beffa crudele". Londra 1987.

135

'Holocaust' News

No.1   PUBLISHED BY THE CENTRE FOR HISTORICAL REVIEW   15p

'HOLOCAUST' STORY AN EVIL HOAX

DO YOU BELIEVE that six million Jews were systematically exterminated by the Nazis in gas chambers during the Second World War? Do you consider it shocking that anyone could bring themselves to question the truth of the 'Holocaust' story?

If you answer "Yes" to these questions, then you will not find reading 'Holocaust' News a comforting and reassuring experience.

But if you possess the courage to pursue the truth, then you will read on.

One of the first facts to disturb you is that there is an increasing number of people world-wide who reject the 'Holocaust' story as an absurd propaganda myth.

PERSECUTION

These people *(see page 2)* are not "neo-Nazi fanatics" or "anti-Jewish bigots". They include reputable academics attached to university history, philosophy, engineering and law faculties, as well as prominent writers, lawyers, diplomats and civil rights campaigners.

Among their number may be counted Jews, radical Socialists, Jehovah's Witnesses and indeed former camp inmates! None of these people have any reason to be pro-Nazi.

All of them are today being subjected in varying degrees to relentless book-burning persecution because their researches have blown irreparable holes in the 'Holocaust' story.

The identity of those who are persecuting these courageous "Historical Revisionists" — and why — is all tied up with the identity of the people who invented and propagated the 'Holocaust' myth in the first place — and why.

Clearly the second obstacle — world public opinion — had to be dealt with before the first obstacle — the Palestinians — could be cleared out of the way.

It is one of history's ironies that the opportunity for the Zionist land-grabbers to solve their public relations problem was presented to them by their arch-enemy, Adolf Hitler.

When the Second World War broke out Hitler considered that the Jews were largely to blame for it, and so began an extensive programme of resettlement and internment as did Roosevelt to Japanese Americans who were considered as enemy aliens.

It is not the purpose of "Holocaust' News to assert that some Jews were not brutally treated by some Germans, that they were not uprooted and sent to live in concentration camps.

"GENOCIDE"

We do, however, assert that the allegation that more than six million Jews were deliberately exterminated in gas chambers, or otherwise, as part of a campaign of genocide is a preposterous propaganda fabrication which daily becomes more threadbare.

Further, we assert that the 'Holocaust' lie was perpetrated by Zionist-Jewry's stunning propaganda machine for the purpose of filling the minds of Gentile people the world over with such guilt feelings about the Jews that they would utter no protest when the

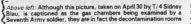

Above left: Although this picture, taken on April 30 by T/4 Sidney Blau, is captioned as the gas chambers being examined by a Seventh Army soldier, they are in fact the decontamination rooms for the clothing removed from the dead located at the extreme western end of the crematorium building (on the left in the photo on opposite page). Above right: The same door today.

The above photographs and caption are not taken from some 'neo-Nazi extremist' publication, but from issue No. 27 (1980) of the military history journal After the Battle. *It illustrates an article about Dachau by the anti-Nazi journalist and historian Andrew Mollo. We ask: Why was the room photographed originally described as a "Gas Chamber" (for killing people) and why was the door later painted over?*

'MASS GASSING' ACCOUNTS ARE SCIENTIFICALLY IMPOSSIBLE

CENTRAL to the claim that six million Jews were "systematically exterminated" by the Nazis in "death camps" is the following commonly-accepted description of how mans — and other combatants in the war — for delousing clothing. This process is clearly described in German and French army regulations:

Firstly, the clothing was hung on racks in chambers.

seconds.

Fourthly, the chamber is then flushed with ammonia gas which reacts with the hydrogen cyanide gas to form harmless crystals.

Fifthly, indicators are used to check that the chamber is no longer

Zionism, aimed at the re-establishment of a Jewish national homeland, was realized with the foundation of the Jewish state of Israel in 1948. Anti-Zionism rejects the idea of Israel as a Jewish state. This is not the same as criticizing certain policies of the Israeli government. Often, individual Jews are held responsible for the actions of the Israeli government. Even violent attacks on Jewish institutions are sometimes excused in this way.

However strongly most Jews in the world feel connected with Israel, it is objectionable to translate criticism of the Israeli government into an anti-Jewish attitude. Criticism of the State of Israel is in this way used as a justification for anti-Semitism.

La fondazione dello stato ebreo d'Israele nel 1948 realizzò l'ideale del sionismo, il movimento che aspirava alla creazione di uno stato nazionale ebraico. L'antisionismo rifiuta l'idea di Israele come stato ebreo. 'E quindi diverso dalla critica a certe scelte politiche del governo d'Israele.

Spesso, singoli ebrei sono considerati responsabili delle azioni del governo d'Israele. Così perfino violenti attacchi alle istituzioni ebree vengono a volte 'legittimati' in questo modo.

Per quanto fortemente la maggioranza degli ebrei del mondo si senta legata ad Israele è sbagliato tradurre la critica al governo d'Israele in un atteggiamento antiebreo. La critica allo stato d'Israele è in questo modo usata per giustificare l'antisemitismo.

221 Antwerp, Belgium. 1982.
222 At least two men open fire in Goldenberg's, a Jewish owned restaurant in Paris. Six are killed, 22 are wounded. After the incident the owner of the restaurant, Jo Goldenberg, is about to collapse. August 9, 1982.

221 Anversa in Belgio, 1982.
222 Il 9 agosto 1982 almeno due uomini aprono il fuoco al Goldenberg, un ristorante di Parigi il cui proprietario é ebreo. Sei persone sono uccise e 22 ferite. Dopo l'incidente il proprietario del ristorante, Jo Goldenberg, é sull'orlo del collasso.

Who has not heard remarks like 'All Blacks are like this' or 'All Jews are like that'? From early childhood on, everyone meets certain clichés about certain groups. They are found in comics, movies, newspapers and schoolbooks, etc. When someone holds on to such negative stereotypes we speak of prejudices. Prejudices are voiced in everyday conversations, but they can also be misused for political purposes. Widely spread prejudices about 'the Jews' made it possible for the Nazis to isolate them systematically, without the opposition of many non-Jews. The same was true for gypsies and homosexuals.

Today prejudice, anti-Semitism and racism are still present in nearly every country. Examples vary from jokes and nicknames to violence and maltreatment, especially toward those groups who are identifiable and visibly different from the majority.

Combatting discrimination and racism is a matter of general interest, but not only up to the government. Specifically the individual can oppose expressions and acts of discrimination in his or her own area, school, workplace, and amongst family members and friends.

Chi non ha mai sentito frasi del tipo 'tutti i negri sono così' o 'tutti gli ebrei sono uguali'? Dalla giovinezza in poi ognuno di noi incontra clichés che riguardano certi gruppi. Si possono trovare nei fumetti, nei film, nei giornali e nei libri di scuola.

Quando qualcuno si attiene a tali stereotipi negativi possiamo parlare di pregiudizi. I pregiudizi sono ripetuti nei discorsi di ogni giorno, ma possono anche essere sfruttati per scopi politici. I pregiudizi largamente diffusi riguardo agli 'ebrei' resero possibile per i nazisti isolare sistematicamente questo gruppo, senza che molti non ebrei si opponessero. Lo stesso accadde per gli zingari e gli omosessuali. Anche oggi pregiudizi e razzismo sono presenti quasi in ogni paese. Le loro espressioni variano dagli scherzi e dai soprannomi alla violenza ed ai maltrattamenti, specialmente verso quei gruppi che sono identificabili e visibilmente diversi dalla maggioranza. La lotta alla discriminazione ed al razzismo é di interesse generale, non solo del governo. Soprattutto l'individuo puó opporsi ad azioni di discriminazione nella propria zona, nella propria scuola, al lavoro o con i familiari e gli amici.

223 *In France Le Pen's Front National receives 14,5% of the vote in the first round of the 1988 presidential elections. His main theme is: 'The French first'.*
224 *A 14-year old Asian boy, victim of racial violence in London. July 1984.*
225 *Neo-nazi's attacking Vietnamese immigrants with axes. Berlin, 1990.*

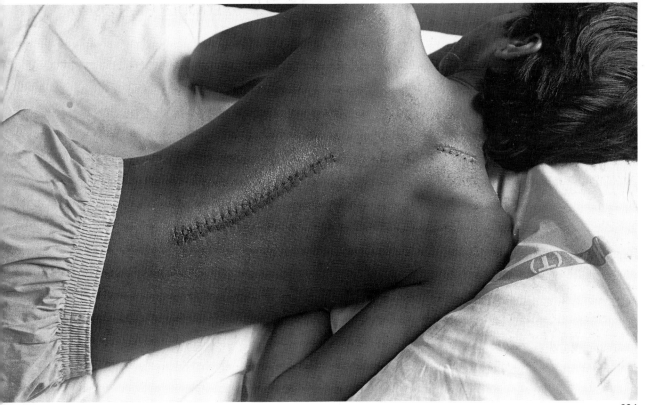

224

225

223 In Francia il Fronte Nazionale di Le Pen ottenne il 14,5% dei voti nelle preliminarie alle elezioni Presidenziali del 1988. La loro tematica principale era: 'La Francia prima di tutto'.
224 Un ragazzo asiatico di quattordici anni, vittima della violenza razzista a Londra nel luglio del 1984.
225 Neonazisti armati di asce attaccano degli immigranti vietnamiti nella metropolitana. Berlino Est, agosto 1990.

226 International Day against Racism. This woman is carrying photographs of victims of racist violence in France. March 21, 1984.
227 Member of the extremist organisation Pamyat showing an antisemitic banner. Moscow, 1990.
228 Inhabitants of a Dutch village, Stevensbeek, clash with the police during a protest against the opening of a center for refugees in their neighborhood. October 1987.
229 S.O.S. Racisme is a French youth movement. The group is known for its concerts, festivals and demonstrations against racism and apartheid. Paris, 1985.

226 Il 21 marzo 1984 é la giornata internazionale contro il razzismo. Questa donna ha con sé foto di vittime della violenza razzista in Francia.
227 Un membro dell'organizzazione estremistica 'Pamyat' sta mostrando uno striscione antisemita. Mosca, 1990.
228 Abitanti di un paese in Olanda, Stevensbeek, si scontrano con la polizia durante una manifestazione di protesta contro l'apertura di un centro per rifugiati politici nel loro paese. Ottobre 1987.
229 S.O.S. Racisme é un movimento giovanile francese noto per i concerti, i suoi festival e le sue dimostrazioni contro il razzismo e l'apartheid. Parigi nel 1985.

226

227

228

229

LIST OF ILLUSTRATIONS / LISTA DELLE ILLUSTRAZIONI

Anne Frank Fonds, Basel/Cosmopress: 1, 2, 3, 4, 5, 6, 7, 8, 9, 10, 11, 12, 13, 108, 109, 110, 111, 112, 113, 114, 115, 116, 117, 118, 119, 120, 122, 123, 124, 125, 165, 166, 167, 168, 169, 170, 171, 172, 173, 190, 211, 212, 214.

Historisches Museum, Frankfurt am Main: 14, 15, 16, 18, 19, 21, 32, 34.

Stadtarchiv, Frankfurt am Main: 17, 36, 42, 43, 65, 72, 203.

Bundesarchiv, Koblenz: 23, 53, 54, 55, 74, 87.

Rijksinstituut voor Oorlogsdocumentatie, Amsterdam: 24, 27, 28, 29, 30, 31, 33, 35, 39, 44, 70, 71, 77, 78, 82, 85, 89, 94, 98, 99, 126, 127, 128, 129, 130, 131, 132, 133, 135, 139, 140, 143, 144, 152, 153, 157, 158, 159, 160, 161, 162, 163, 164, 174, 175, 176, 177, 178, 179, 180, 181, 191, 194, 197, 183, 184, 185, 186, 188, 189, 201, 202, 205, 208, 209, 210.

Droste Verlag, Düsseldorf: 25, 51, 52.

Staatliche Kunsthalle, Berlin: 27.

Ullstein Bilderdienst, Berlin: 33, 97, 100.

Dokumentationsarchiv des deutschen Widerstandes, Frankfurt am Main: 37, 38, 40.

Fotoarchief Spaarnestad/VNU, Haarlem: 45, 46, 47, 66, 79, 80, 81, 84, 86, 101, 102, 150, 206, 207.

Kölnisches Stadtmuseum: 48.

Yad Vashem, Jerusalem: 49, 50.

Siedler Verlag, Berlin: 75, 83.

ABC – fotoarchief, Amsterdam: 41, 76, 216, 222, 223, 226.

Privébezit: 68, 211, 212.

Gemeentearchief Amsterdam: 104, 105, 106, 107, 137, 138, 151, 182.

Gemeentearchief Den Haag: 134, 146, 148, 192, 193.

Gemeentearchief Rotterdam: 136, 153, 199.

Bildarchiv Preussischer Kulturbesitz, Berlin: 67.

Bildarchiv Pisarek, Berlin: 90, 91, 92, 93.

Joods Historisch Museum, Amsterdam: 156.
ANP: 228.

RBP/GAMMA: 218, 227, 229.

Steef Meijknecht: 215.

John Melskens: 213.

David Hoffmann: 224.

Cas Oorthuys: 158, 195.

Amsterdams Historisch Museum: 141.

Charles Breijer: 145, 155, 198.

Ad Windig: 196, 200.

Stichting Lau Mazirel, Amsterdam: 187.

Stadtarchiv Hadamar: 59.

Archiv Ernst Klee: 60

Stadtarchiv Waldshut-Tiegen: 96

A. Nussbaum: 154

J. Escher: 187

Sacha/Transworld: 225.

COLOPHON

144

This book was produced on the occasion of the exhibition
'Anne Frank in the World, 1929-1945'.
Photo research and text: Dienke Hondius, Joke Kniesmeijer and
Bauco T. van der Wal.
Photo research in Frankfurt: Jürgen Steen, Historisch Museum,
Frankfurt.
Coordination of translations and production: Jan Erik Dubbelman.
Didactical interpretation: Cor Suijk.
English language text provided by: Steven Arthur Cohen,
Dewar MacLeod.
Printed by Veenman, Wageningen
Cover design: Marius van Leeuwen, Amsterdam.
Graphic design and lay-out: Marius van Leeuwen and Nel Punt,
Amsterdam.
Lithograph: AB-Graphics Amsterdam and Veenman, Wageningen
Typeset by Agema Photosetting, Amsterdam.

COLOPHON

Questo libro é stato prodotto in occasione della mostra 'Il mondo
di Anne Frank, 1929-1945' della Fondazione Anne Frank,
Amsterdam
Ricerca delle fotografie, testo e redazione: Dienke Hondius, Joke
Kniesmeijer e Bauco T. van der Wal
Ricerca a Francoforte: dott. Jürgen Steen, Historisches Museum,
Francoforte
Coordinazione delle traduzioni e produzione: Jan Erik Dubbelman
Consulenza per i contenuti educativi: Cor Suijk
Testo inglese: Steven Arthur Cohen, Dewar MacLeod
Testo italiano: Sara Pozza
Copertina: Marius van Leeuwen, Amsterdam
Progetto e grafica: Marius van Leeuwen e Nel Punt, Amsterdam;
AB-Graphic, Amsterdam
Composizione: Agema Photosetting v.o.f., Amsterdam